基层监督的情景与图景

皇甫鑫　著

吉林大学出版社

·长　春·

图书在版编目(CIP)数据

基层监督的情景与图景／皇甫鑫著. —长春：吉林大学出版社，2023.7

ISBN 978-7-5768-1883-3

Ⅰ.①基… Ⅱ.①皇… Ⅲ.①社会管理–研究–中国 Ⅳ.①D63

中国国家版本馆 CIP 数据核字(2023)第 136405 号

书　　名：**基层监督的情景与图景**
JICENG JIANDU DE QINGJING YU TUJING

作　　者：皇甫鑫
策划编辑：黄国彬
责任编辑：张　驰
责任校对：马宁徽
装帧设计：姜　文
出版发行：吉林大学出版社
社　　址：长春市人民大街 4059 号
邮政编码：130021
发行电话：0431–89580028/29/21
网　　址：http：//www.jlup.com.cn
电子邮箱：jldxcbs@ sina.com
印　　刷：北京联合互通彩色印刷有限公司
开　　本：787mm×1092mm　　1/16
印　　张：10.75
字　　数：170 千字
版　　次：2024 年 3 月　第 1 版
印　　次：2024 年 3 月　第 1 次
书　　号：ISBN 978-7-5768-1883-3
定　　价：58.00 元

序

以全面从严治党的坚强决心和坚实举措
推进新时代党的建设新的伟大工程

    全面建设社会主义现代化国家、全面推进中华民族伟大复兴，关键在党。党的二十大报告明确提出了中国共产党的中心任务，即团结带领全国各族人民全面建成社会主义现代化强国、实现第二个百年奋斗目标，以中国式现代化全面推进中华民族伟大复兴。党对中心任务的明确显示了我们党始终成为中国特色社会主义事业坚强领导核心的担当作为，这就要求我们党要时刻保持经受重大考验、应对重大危险的警醒和能力，要求我们党既要有推进全面从严治党的坚强决心，又要有推进全面从严治党的坚实举措，全面从严治党是党永葆生机活力、走好新的赶考之路的必由之路。在推进新时代党的建设新的伟大工程中，要找准全面从严治党的正确方向、树立全面从严治党的坚强决心、明确全面从严治党的行动准则、彰显全面从严治党的清晰立场。

在坚持党的领导和发展马克思主义理论中
找准全面从严治党的正确方向

    党的十八大以来，我们党将全面从严治党纳入"四个全面"战略布局，以"得罪千百人、不负十四亿"的使命担当，开展了史无前例的反腐败斗争，从根本上扭转了管党治党宽松软的问题，赢得了历史主动，使我们党焕然一新、更加坚强有力。在新的时代背景下和历史任务中，全面推进党的自我净化、自我完善、自我革新、自我提高，健全全面从严治党体系是我们党永葆青春活力的有力有效举措。实际上，如何管党治党是世界各国政党面临的共性问题，西方政党囿于其领导机制弱化、思想派系繁杂、治党理论琐碎、组织机构软化、选举型竞争型群体利益、代表型政党属性等原因没能回答管党治党这一党的建设核心问题。中国共产党作为世界上最大的马克思主义执政党以实践担当和不懈努力寻找到了人民监督和自我革命这两个跳出治乱兴衰历史周期率的答案，回答了如何管党治党的核心问题。新时代管党治党的根本在于坚持和加强党中央集中统一领导，以政治建设为指引，在决策落实、责任履行、纪律遵守中找准全面从严治党的正确方向。

同时，思想和理论武装对于找准全面从严治党的正确方向至关重要，只有在科学的理论指引下才能顺利推进管党治党的战略方针政策。一些西方政党虽然深刻认识到了自身的政党治理问题，感受到了推进管党治党的紧迫压力，但没能找到系统的思想理论指引，没有明确的、清晰的、长期可持续的管党治党思路，最终导致了政党没落甚至崩溃。有别于西方政党，马克思主义政党有一脉相承的管党治党理论，我们在守正创新中发展形成了习近平新时代中国特色社会主义思想，指引新时代全面从严治党推向纵深。在新时代的中国，中国共产党坚持运用习近平新时代中国特色社会主义思想统一思想、统一意志、统一行动，以思想理论建设凝聚起全面从严治党的坚实力量，通过理想信念教育等方式坚定了全面从严治党的方向指引。

在增强忧患意识和自省品格中 树立全面从严治党的坚强决心

当前，我们党依然面临着执政考验、改革开放考验、市场经济考验、外部环境考验以及精神懈怠危险、能力不足危险、脱离群众危险、消极腐败危险。实践中，一些党员干部缺乏担当精神，斗争本领不强，实干精神不足，形式主义、官僚主义现象仍较突出；一些重点领域腐败依然易发多发，铲除腐败滋生土壤的任务依然艰巨。

时代难题和历史课题时刻检验着中国共产党治国理政的水平和能力，这就要求各级党组织和党员干部要增强忧患意识，时刻以全面从严治党的自省品格检视自身是否具备抵御各类风险挑战的坚定信念和强大能力。全面从严治党永远在路上，党的自我革命永远在路上，这体现出了我们党推进全面从严治党的坚强决心，与西方政党工具性的、碎片化的、间歇性的、实用主义的管党治党策略形成了鲜明的对比，也昭示着我们全面从严治党战略部署持续推进、走向纵深的政党品格。

在完善制度体系和组织建设中 明确全面从严治党的行动准则

党的十八大以来，我们党持续深入推进纪检监察体制改革，以全面从严治党的行动和制度建设强化了监督监察的专责性、独立性和权威性，党和国家监督体系日趋完善。在未来继续推进和拓展中国式现代化，迈上全面建设社会主义现代化国家新征程的过程中，要更加重视制度建设和组织建设，只有这样才能使全面从严治党的行动准则更加明确。

制度兴则党兴，我们要完善党的自我革命制度规范体系。坚持制度治党、完善制度规范体系有利于提升我们党执政的合法性和权威性。实践中，既要提升已有治党行为的制度化规范化水平，又要根据实际敢于构建新的治党制度规范，在健全监督体系、完善权力监督制约机制、推进政治监督、发挥巡视巡察过程中提升全面从严治党制度化规范化水平，在制度规范制定与执行中落实全面从严治党的政治责任，厚植党长期执政的制度根基。

组织建设是党的建设的重要基础，也是推进党的自我革命和全面从严治党的关键载体、主要抓手和战斗力基础。中国共产党有 500 多万个党组织，遍布党政机关、事业单位、国有企业、私营企业、基层村社、社会组织等，发挥好 500 多万个党组织的组织效能对于提升中国共产党治国理政水平至关重要。实践中，要抓紧抓实党建工作，在保持党组织和党员队伍先进性、纯洁性的同时着重增强党组织的政治功能和组织功能。同时，干部是组织的核心，要在组织建设中培养一支政治过硬、适应新时代要求、具备领导现代化建设能力的干部队伍，以干部考核评价、培养选拔、激励机制等加强干部忠诚、担当、干净等素质养成，这既是建设堪当民族复兴重任的高素质干部队伍的要求，也是推进全面从严治党和新时代党的建设伟大工程的核心目标。

在推进正风肃纪和反腐败斗争中
彰显全面从严治党的清晰立场

中国共产党根基在人民、血脉在人民，始终保持同人民群众的血肉联系，推进全面从严治党正是中国共产党坚持人民立场的突出体现。党的十八大以来，全国纪检监察机关共立案 464.8 万余件，其中，立案审查调查中管干部553 人，处分厅局级干部 2.5 万多人、县处级干部 18.2 万多人，取得了反腐败斗争的压倒性胜利并全面巩固，人民群众对党的信心信任、信赖、更强。

党风问题关系执政党的生死存亡。弘扬党的光荣传统和优良作风、落实中央八项规定精神和纠治"四风"、把握作风建设的突出特点、加强党的纪律建设、坚持党性党风党纪一起抓等是党的二十大报告着重提出的强化正风肃纪的主要举措。这些举措真正践行了以人民为中心的发展思想，突出体现了全面从严治党系统施策和重点应对的思路。

反腐败是最彻底的自我革命。让群众切身感受到全面从严治党就在身边、正风肃纪反腐就在身边，这是推进全面从严治党的题中应有之义。我们要以零容忍的态度反腐惩恶，狠抓重点领域和关键少数，坚决摘除腐败毒瘤。同时，深度挖掘惩治新型腐败和隐性腐败、坚持受贿行贿一起查等举措也体现了我们党推进全面从严治党和营造风清气正政治生态的坚强决心，在反腐败标本兼治中彰显全面从严治党的清晰立场。

总之，我们推进全面从严治党的态度是坚决的、举措是系统的，其结果也必将是成功的。以全面从严治党强化党的先进纯洁、团结统一，必将进一步提升全党的创造力、凝聚力和战斗力，必将有力推进新时代党的建设新的伟大工程，必将助力党团结带领全国各族人民有序推进中国特色社会主义事业向前发展，必将为全面建设社会主义现代化国家提供坚强保证。

目　录

第一章　国家治理现代化与纪检监察体制改革

纪检监察体制改革对基层监督体制机制的运行影响深远，将基层所有行使公权力的公职人员纳入监督范围内；同时，基层监督力量的整合也为监督质效的提升打下了坚实基础。本章将系统梳理纪检监察体制的历史演进和当代意蕴，试图厘清基层监督体制机制形成的时代背景。

第一节　纪检监察体制的历史演进与当代意蕴

一、纪检体制改革的历史演进

中国共产党自创立之初就开始探索纪律检查监督的体制机制，走过了百余年的探索历程。纪检监察体制历经多次改革，从无到有，在机构名称、产生方式、领导方式、组织关系、职责内容上都进行了多次调整，如表 1-1 所示。需要说明的是，纪检体制并非总是朝着一个方向发展的，而是在不同的时期采取了不同的运行体制。例如，1927 年党的五大党章规定监察委员会由党的各级代表大会选举产生，1955 年则改为由同级党委选举产生，1982 年党的十二大党章改为由党的代表大会选举产生。又如，1927 年党的五大党章将监察委员会几乎设置成与党委平行且制约的组织，1943 年就将中央党务委员会划入中央组织部，成为其下属的一个机构。

就领导体制而言，改革开放以来基本确立了纪委受同级党委和上级纪委领导的双重领导体制。然而，实践中的双重领导体制在党的十八大前后产生了截然不同的变化。具体来说，党的十八大之前尚未将双重领导体制具体化、程序化、制度化，呈现出一定程度的模糊性，这带来了事实上的双重领导体制以同级党委领导为主的格局。在以经济建设为中心的发展战略指引下，党委行使的决策权、人民政府行使的执行权以及纪检监察机关行使的监督权，三者之间形成了统合的权力形态。

党的十八大之后，纪委领导体制改革将双重领导体制具体化、程序化、制度化。实践中，业务层面基本做到了以上级纪委垂直领导为主。需要说明的是，双重领导的以同级党委领导为主和以上级纪委垂直领导为主不仅仅是字面上的差异，而是具有实质差异，这是因为同级党委和上级纪委的职责目标是不同的，党委的职责目标较为综合且以经济建设为主，而纪委的主要职责则是检查监督。因此，党的十八大之后的双重领导以上级纪委垂直领导为主的改革实际上加强了纪委的监督主责，在一定程度上避免或减弱了其权力被决策执行所统合。换言之，纪委通过行使专责监督权，对执行权甚至决策权形成了一定程度的约束，从而形成了一种新的决策权、执行权、监督权的权力配置关系。

表 1-1　中国共产党纪检体制的百年变迁

时间	名称	产生方式	领导方式	内容
1921 年党的一大《纲领》	无专门机构	——	——	地方委员会的财务、活动和政策应受中央执行委员会的监督
1922 年党的二大党章	无专门机构	——	——	第一部正式党章专设了"纪律"一章

续表

时间	名称	产生方式	领导方式	内容
1927 年 党的五大党章	监察委员会	由党的各级代表大会选举产生	与各级党的委员会相制约	1. 中央及省监察委员会由党的全国代表大会及省代表大会选举产生； 2. 中央委员及省委员不得兼任中央及省监察委员； 3. 中央及省监察委员得参加中央及省委员会会议，但只有发言权无表决权； 4. 中央及省委员会不得取消中央及省监察委员会的决议，但中央及省监察委员会的决议必须得中央及省委员会同意后，才能生效与执行
1928 年 党的六大党章	审查委员会	由党的各级代表大会选举产生	无具体规定，但实际上受各级党委领导	监督各级党部之财政、会计及各机关的工作
1934 年 党的六届五中全会	中央党务委员会	过渡性质	双重领导	中央党务委员会关于组织和党员个人处分决议须报告中央批准执行；省县监察委员会关于组织和党员个人处分决议之权属于监察委员会；上级监察机关对下级监察机关的指挥权问题等
1943 年	中央党务委员会职能划入中央组织部	——	同级党委的一个部门	——

续表

时间	名称	产生方式	领导方式	内容
1949 年	中央和地方各级纪律检查委员会	——	同级党委领导为主，上级纪委有一定的监督权	中央纪律检查委员会在中央政治局的领导下开展工作，地方各级纪律检查委员会在该级党委指导下工作，上级纪律检查委员会有权改变或取消下级纪律检查委员会的决定
1950 年《各级党的纪律检查委员会与党委关系的指示》	中央和地方各级纪律检查委员会	——	同级党委领导，上级纪委给予一定的业务指导	各级党的纪律检查委员会是各级党委的一个工作部门，犹如各级党的宣传部和组织部一样。因此，各级党的纪律检查委员会直接在各级党委的领导下工作。上级党的纪律检查委员会在工作上、业务上对下级党的纪律检查委员会有指导权，但在其指示或决定同下级党的委员会意见不同时，应提请同级党的委员会做决定
1955 年	中央和地方各级监察委员会	由同级党委选举产生	主要受同级党委领导，上级监察委员会有指导权	党的各级监察委员会在各级党委指导下进行工作，上级监察委员会有权检查下级监察委员会的工作，并有权审查、批准和改变下级监察委员会对案件所作的决定。下级监察委员会应向上级监察委员会报告工作，并忠实地报告一切党员和党的组织违反纪律的情况

续表

时间	名称	产生方式	领导方式	内容
1962 年	中央和地方各级监察委员会	——	双重领导	1. 扩大地方各级监察委员会委员名额，并规定多数委员应是专职的； 2. 加强各级党委对同级监察委员会的领导，定期讨论党的监察工作，监察委员会的委员和候补委员列席同级党的委员会会议； 3. 中央和省级监察委员会可以向本级政府各部门派驻监察组或监察员； 4. 地方各级监察委员会必须经常向同级党委和上级监察委员会报告和请示工作，并有权不通过同级党委，向上级党委、上级监察委员会直到党中央，直接并在实际运行中反映情况，检举党员的违法乱纪行为
1969—1976 年"文革"期间	被取消	——	——	——
1978 年党的十一届三中全会	中央纪律检查委员会	由同级党委选举产生	同级党委单一领导	省和县各级党委都设立了纪律检查委员会。各级纪律检查委员会由同级党委选举产生，报上级党委批准
1980 年	中共中央纪律检查委员会	——	双重领导，但以同级党委领导为主	《中共中央纪律检查委员会关于改变省、市、自治区及以下各级党委纪委领导关系的请示报告》批转

续表

时间	名称	产生方式	领导方式	内容
1982 年 党的十二大党章	党的中央纪律检查委员会	由党的代表大会选举产生	双重领导体制	1. 纪律检查委员会不再由党的委员会选举产生，而是由党的代表大会选举产生； 2. 中央纪律检查委员会第一书记必须从中央政治局常务委员会委员中产生； 3. 地方各级纪律检查委员会，要把处理特别重要或复杂的案件中的问题和处理的结果，向同级党的委员会报告的同时，也向上级纪律检查委员会报告； 4. 上级纪律检查委员会对下级纪律检查委员会拥有工作检查权和案件复查权； 5. 赋予地方各级纪律检查委员会对同级党委及其成员的监督权
1993 年	中央纪委和监察部合署办公	——	——	——
2013 年 党的十八届三中全会	——	——	双重领导体制的具体化、程序化、制度化	"三为主一报告"：纪委书记、副书记提名和考察以上级纪委同组织部门为主，查办腐败案件以上级纪委领导为主，日常履职考核以上级纪委为主；线索处置和案件查办在向同级党委报告的同时必须向上级纪委报告。

说明：表 1-1 为作者自制。参考了《中国共产党党风廉政建设文献选编》第 8 卷，中国方正出版社，2001 年版，第 109、165 页。《中国共产党章程汇编(一大—十八大)》，中共中央党校出版社，2013 年版，第 93、113-114、139 页。

二、监察体制改革的当代意蕴

监察体制改革的主要内容是在原行政监察的基础上，整合行政机关和司法机关的监督职能与机构，在监察对象、监察力量、监察措施、反腐合作等方面进行改革，可以极大地增强监督权的独立性、有效性以及权力运行的法治化程度。

1. 监察对象：从监察有遗漏到监察全覆盖

自新中国成立以来，我国逐步建立了一套完整的监督体系，包括党的纪检监督、人民政府内部的行政监察和审计监督、人大监督、司法监督、舆论监督等，以及检察机关的反贪污、反渎职、预防职务犯罪等。但是，这些监督力量更多是在条线内部进行监督，党的纪检机关只能对党员干部进行监督，行政监察机关只能对行政机关的公务员进行监督[1]，呈现出较强的序列监督监察的特征。除此之外，还有大量行使着公权力但却未被纳入监督范围的主体，如村(居)委会主任等，客观上形成了所谓的"灰色地带"和监察遗漏区。

随着监察体制改革的推进，行政监察向国家监察转变，监察对象也逐步实现了全覆盖，包括对中国共产党机关、人民代表大会及其常务委员会机关、人民政府、监察委员会、人民法院、人民检察院、中国人民政治协商会议各级委员会机关、民主党派机关和工商业联合会机关的公务员，以及参照《中华人民共和国公务员法》管理的人员，法律、法规授权或者受国家机关依法委托管理公共事务的组织中从事公务的人员，国有企业管理人员，公办的教育、科研、文化、医疗卫生、体育等单位中从事管理的人员，基层群众性自治组织中从事管理的人员，其他依法履行公职的人员等所有行使公权力的国家公职人员和有关人员的全域立体监察。全域立体监督监察体系的建立为我国无缝隙权力监督体系和反腐控制网络提供了条件，开启了我国监察体制实现凡公权力所在之处无人无事不受监督、全域覆盖的创新发展新里程。[2] 监察体制

---

① 马怀德：《国家监察体制改革的重要意义和主要任务》，《国家行政学院学报》，2016 年第 6 期，第 15-21 页。

② 石亚军、卜令全、陈自立：《国家监察体制：全域立体监察模式的构建》，《中国行政管理》，2017 年 10 期，第 6 页。

改革之后，包括村(居)委会在内的基层所有行使公权力的公职人员都被纳入监督监察体系的范畴之内，以监督体制机制保障基层权力的合法合规运行。

2. 监察力量：从分散到整合

监察体制改革之前，在国家权力体系中虽然存在着较多的监督监察力量，但这些力量呈现出分散化、碎片化的特征。这种力量分布格局在一定程度上降低了监督监察的权威性，还使得监督监察多部门间分工与协调不畅通，造成权力运行成本过高，综合效能低下。在原有的监督监察体系中，纪委进行违纪审查，监察部行使行政监察权，检察院对国家工作人员职务犯罪案件既行使侦查权，又行使批捕、起诉等权力。一方面，多头治理式的反腐败与监督体系已经难以适应新的反腐工作实践，如塌方式腐败、裂变式腐败等；另一方面，纪检监察查办的腐败案件，其证据不能直接为检察院使用，必须进行证据转换甚至重新取证，从而导致权力运行成本的增高。

监察体制改革之后，监察委员会的成立将行政监察部门、预防腐败机构和检察机关反贪污贿赂、反渎职侵权以及职务犯罪预防等部门的职能整合起来，把反腐败资源和力量集中起来，有效破解了腐败问题多头治理、反腐败机构职能分散的问题。同时，将检察院的侦查权转隶过来，解决了检察院侦查权和法律监督权的矛盾，从而形成统一集中、权威高效的监察体系，使得监察机关能够连贯地处理违纪、职务违法以及预处理职务犯罪案件，避免反腐权力分散所带来的相互推诿、重复处理等问题，攥指成拳，"合力共治"，极大地增强了监督权主体的监督效力。①

3. 监察措施：从争议有限到合法丰富

监察体制改革之前的《行政监察法》和《行政监察法实施条例》赋予了监察部门查阅、询问、扣留、封存、讯问、建议等行政监察措施，但是并未赋予其行使查封、扣押、冻结等强制措施以及强制执行的权力，这在一定程度上影响了监察效用的发挥。②《中华人民共和国监察法》(以下简称《监察法》)在

---

① 虞崇胜：《"三者有机统一"的有益尝试——基于监察体制改革的过程性分析》，《理论探讨》，2018 年第 4 期，第 18-27 页。

② 马怀德：《国家监察体制改革的重要意义和主要任务》，《国家行政学院学报》，2016 年第 6 期，第 15-21 页。

之前行政监察实践中使用得比较成熟的手段的基础上进行了调整和补充，从而形成了监察委员会"谈话、讯问、询问、查询、冻结、调取、查封、扣押、搜查、勘验检查、鉴定、留置"等12项监察措施，丰富了监察手段，提高了监察效能。此外，将原有"双规""双指"等具有争议的监察手段法治化、规范化，确立留置等专门的法治化措施。

4. **反腐合作：从名义尴尬到合法正当**

监察体制改革以前，反腐败国际合作涉及纪委、司法部、检察院、监察部等多个部门，工作交叉重叠，协调困难，甚至出现自说自话的现象，降低了反腐败效能。尤其是作为政党机构的纪委在进行国际追赃、追逃时会遇到名义和程序等方面的沟通不畅。

监察体制改革后，监察委员会在党中央的集中统一领导下以国家机关的名义统筹协调与其他国家、地区的反腐败机构和国际组织开展反腐败国际交流、合作和对接，组织反腐败国际条约实施工作；组织协调有关方面加强与有关国家、地区、国际组织在反腐败执法、引渡、司法协助、被判刑人的移管、资产追回和信息交流等领域的合作；加强对反腐败国际追逃追赃和防逃工作的组织协调，督促有关单位做好相关工作，这些都大大便捷了反腐败国际合作，在一定程度上增强了反腐败国际合作的合法性。与此同时，借助纪委与监委合署办公的机制，实现反腐败实践中的党政协同。

第二节　监察体制改革与监察权的基本内涵

《监察法》的颁布标志着一种新型公权力在中国的诞生，即监察权，其权力主体为各级监察委员会。与纪委和原行政监察部行使的权力不同，监察委员会所行使的监察权是宪法意义上的国家系统层面的法律监督权，而纪委所行使的是政治监督权，原行政监察部所行使的是内生于行政权的行政监察权。监察权的诞生是我国政治和法律领域的重大改革，不仅对权力制约监督以及腐败治理的实践产生了深刻的影响，也对中国公权力及其结构的理论认识提出了新的要求。基于此，厘清监察权这一新型公权力对于理解当代中国政治显得十分重要。

所谓监察权，是指各级监察机关(监察委员会)依据宪法和法律对行使公权力的公职人员进行监督，预防和惩治其职务违法、犯罪及腐败行为的一种公共权力。适应性和合法性是公权力得以发挥效能的重要考量，适应性考量的是公权力与治理环境的兼容度，合法性考量的是公权力运行方式的科学化水平、合理化定位以及有效性认同。

公权力体制与治理环境之间的适应性会影响治理效果，适应性越强，相应的治理效果也就越好；反之，适应性越弱，相应的治理效果也就越差。通常来讲，治理环境会随着时间的推移发生改变，变化了的治理环境与未改变的公权力体制之间会产生较大的张力，这一张力就是不适应性。缓解不适应性需要公权力体制的调整以重新达到较高的适应性，即公权力体制改革的基本逻辑。在监察体制改革的过程中，新设监察权的核心目的之一就是解决适应性问题，主要体现在两个方面。第一，原有的权力约束体系无法适应变化了的腐败类型和反腐败环境。在我国，监督监察机关在一定程度上就是反腐败机关①，反腐败是监督监察机关的一项极为重要的职能。近年来，党和国家采取强有力的反腐败举措，反腐败斗争取得了压倒性胜利。但随着反腐败的持续推进，深层次腐败逐渐浮出水面，成为新阶段腐败治理的重点任务。深层次腐败有复杂程度高、行为方式新等基本特征，具体表现在反腐败涉及主体多(通常跨越多个职能部门)、腐败治理需要的信息量大、信息协调困难、协调成本高、腐败案情的整体性较强等，权力集中、资金密集、资源富集领域的腐败和群众身边的"蝇贪"并存。然而，在监察体制改革之前，原有的反腐败力量较为分散，在深层次腐败逐步浮现的情境下，分散化的反腐败力量会产生多样的协调问题与协调成本，甚至出现无法协调的可能。基于此，整体性的监察权的设立就显得尤为必要，监察权整合了原监察机关、国家预防腐败局以及人民检察院查处贪污贿赂、失职渎职、预防职务犯罪等相关权力。与原有的分散化的监督权力相比，监察权更具"整体性"，将部门间协调的困

① 《积极探索实践 形成宝贵经验 国家监察体制改革试点取得实效——国家监察体制改革试点工作综述》，中国政府网，http://www.gov.cn/xinwen/2017-11/05/content_ 5237440. htm，2017 年 11 月 5 日。

难和成本在监察机关内部进行化解，极大地增强了监察机关的统筹协调能力。第二，原有的权力约束体系不甚健全。监察体制改革之前，尚未做到对所有行使公权力的公职人员监督全覆盖，客观上留出了"监督真空区"，不受监督的权力发生腐败的概率极高，为党和国家的"善治"带来了很大的挑战。监察体制改革通过成立监察委员会并赋予其监察权，将监察对象的范围扩展至所有行使公权力的公职人员，这在很大程度上解决了存在"监督真空区"的问题，弥补了原有权力约束体系的体制性缺陷。

合法性可以从合法律性（legality）和正义性（sense of justice）两个维度来理解。合法律性是指合乎法律、制度、规章等的要求，以维持法律秩序的稳定。正义性则是指符合基本的伦理道德和法治精神的要求。需要注意的是，合法律性并不必然意味着符合正义性，因为法律存在良法和恶法之分。本书所指的合法性包含合法律性和正义性双重含义。具体而言，在原有的权力监督体系中，存在着两处合法性风险。第一，地位悬殊的合署办公带来的合法性风险。我国有合署办公的传统，早在1993年，中央纪委和国务院监察部就开始施行合署办公。历史和实践证明，合署办公是有理可循的，有利于集中监督力量、提升监督效能。然而，监察体制改革之前的合署办公会引发一个颇为严重的问题，即纪委与行政监察部门悬殊的地位导致监察部门职责异化现象的出现，无法很好地履行法律赋予的职责。由于行政监察部门是在行政序列里，合署之后便逐步由专门的监督机关转向办案机关，甚至向纠风、执法、效能等工作转移。基于此，行政监察在某种程度上成了纪委的一个重要"科室"。① 监察体制改革之后，监察委员会、纪委合署办公与此前行政监察部门、纪委合署办公大有不同，监察委员会是国家监察机关，由人民代表大会选举产生并对其负责，监察委员会有特定的职责、职权。第二，行为方式带来的合法性风险。1994年实施的《中国共产党纪律检查机关案件检查工作条例》赋予纪委"双规"的职权，即要求有关人员在规定的时间、规定的地点交代问题。"双规"举措作为党内处置的方式之一，一直以来都存在一定的争议。随着我国全面推进依法治国，党内法治也正蓬勃发展，对涉嫌贪污腐败的公职人员

---

① 李永忠：《监察体制改革避免"同体监督"》，新京报，2018年03月21日。

限制人身自由也要有法律依据，但"双规"并非法律概念，容易引起一些人的误解。基于此，监察体制改革，用"留置"取代"双规"，这实际上是依法治腐的重要过程，意味着反腐工作上了一个新的台阶。《监察法》对留置的适用条件、留置场所的设置、管理和监督、留置的法定流程、被调查人的权利保障、留置的时间及折抵方式等做了颇为细致的规定，极大地保障了被调查人的权利，从而避免了多重合法性风险。

第三节 监察权的基本特征与运行原则

一、监察权的基本特征

在当代中国公权力运行体制中，多种公权力之间既有相似之处又有相异特征。对权力基本特征的界定，在一定程度上是确立权力合法性的基础。就监察权而言，监察权具有复合性、主动性和强制性等基本特征。

第一，复合性。复合性是指权力来源的多渠道、权力行使的配合性以及权力对象的多元化。从权力来源来看，监察体制改革对原隶属于行政序列的行政监察权、行政预防权，原隶属于检察机关的反贪污贿赂、反渎职侵权等职务犯罪侦查权、职务犯罪预防权进行了系统整合，其实质是国家监督资源的重新调整与分配。[①] 基于此，监察权实质上是多种权力的整合，这种整合是一种"复合"而非"综合"，体现的是原来多项权力的融合，而不是简单的汇总。从权力行使来看，监察委员会与纪委合署办公，这意味着监察权与纪委的监督权在运行过程中需要通过合作来完成权力监督与反腐败的目的，合作的方式可以是角色的互换、治理工具的适配等。从权力面向来看，监察权的监察对象涵盖所有行使公权力的公职人员，即监察权的权力对象呈复合性特征。

第二，主动性。主动性是一种无须外力推动而行动的属性。在公权力体

---

① 徐汉明：《国家监察权的属性探究》，《法学评论》，2018 年第 1 期，第 9-25 页。

系中，行政权具有主动性的特征，而司法权则不具有主动性。司法权的行使必须是在相对人权益发生争议或受到权益侵犯而起诉时，司法机关才会启动司法程序对诉讼进行处理。行政权具有极强的主动性，其根源在于行政权较其他国家权力与相对人有着更经常、更广泛、更直接的联系。[①] 此外，监察权设立的目的之一就是从事前、事中、事后预防和处理腐败现象，这一目的就要求监察权的行使必须发挥主动性，要做到在事先进行监察教育、事中进行监察监督、事后进行监察处理。总体而言，监察权在运行过程中要发挥其能动作用，主动地降低腐败风险的发生以及腐败带来的危害。主动性还表现为灵活性，即监察权应具备因监察环境的改变而采取不同监察方式的能力。

第三，强制性。强制性是与自发性相对的，是指行为或措施的执行依据法律、制度、规章等强制执行，不以个人的意志为转移。由于监察权的权力对象及其行为具有高度的复杂性、多变性，因此只有具有强制性的监察权才可以保证监督监察效能的发挥。监察权的强制性主要表现在以下两个方面。一是在监察权的运行过程中，法律范围内多以权力主体的单方面意志行事，监察对象对于监察行为必须予以服从。需要说明的是，这种强制性是相对的，即监察对象有权通过法定方式申请权利救济。二是监察权的强制性不仅体现为对监察对象的强制性，还体现为对监察权力主体的强制性，也就是说监察权强制性的边界是法律规定的范围，一旦超出法定范围，监察的强制手段就会失效，这也是避免监察权力过大的必要措施。当然，监察权的特征不只是上述的复合性、主动性和强制性，还有诸如公共性、效率性、合法性等特征，在此不再赘述。

二、监察权的运行原则

权力运行原则具有双重功能，一是可以在一定程度上保障权力效能的良好发挥，二是可以为权力运行设定轨道，在一定程度上防止权力的滥用专断。基于此种目的的设定，监察权应当具有独立性、专业性、责任性、程序性等

---

① 胡建淼：《公权力研究——立法权、行政权、司法权》，杭州：浙江大学出版社，2005 年版，第 207 页。

基本运行原则。

第一，**独立性原则**。在历史上，监察权被行政权干预的现象时有发生，这些干预在一定程度上降低了监察权本身的独立性，减弱了监察效能的发挥。基于此，在制度设计和实践中，行政权、司法权等权力不得干预监察权的正常运行。要实现这一目标，就需要做到以下三点。一是经费独立。原来的行政监察部(厅、局)隶属于人民政府，受人民政府管理，其运行经费也须人民政府统一划拨。实际上，经费来源会限制效能发挥，经费来源于人民政府，这就导致行政监察权的发挥必然会受到行政权的部分限制，无法保证对行政机关公职人员的有效监督。二是可试行任期交叉。监察权的监察对象是所有行使公权力的公职人员，但不可避免的是监察主体与监察对象形成长期合作关系，这就为监察行为的客观性带来了风险，因此可以试行监察机关与其他国家权力机关错开任期，减少形成相互干预或形成同盟的风险，从而增强监察权的客观性和独立性。三是法律保障。在我国，监察权就是国家反腐败权力，是一种限制性权力，权力行使的目的是纠偏纠误、拨乱反正，这也正是贪官污吏、不依法办事的公职人员所恐惧的。但是，这种恐惧有时会转化为一种报复心理，从而影响监察权的正常行使，甚至会对监察人员的人身财产安全产生威胁。因此，国家法律对监察权和监察人员提供保障是极为必要的。

第二，**专业性原则**。监察权并不是一项普通的事务性权力，而是具有一定的专业要求。为了提高专业性以保证监察效果，就需要从以下两个方面着手。一是监察人员专业化。这就需要招聘专业人才，建立监察官序列，从有监察知识基础的公职人员中选拔专业人才；此外，要着重培训专业人才，监察机关需要建立一整套的监察规范，在监察人员上岗前，依据监察规范对其进行全方位的专业化培训。二是监察方式专业化。由于监察内容和监察对象的特殊性，监察机关必须采取特定的硬件设备以保证监察的准确性，如大数据分析设备以及心理测量设备等。需要注意的是，监察权专业性原则的要求是为了保证监察的效果，提高监察的正确性水平，切不可以主观判断处理专业的监察事务，避免监察失误现象的出现。

第三，**责任性原则**。在私权利面前，公权力是强大的。若公权力行使有失公允，对私权利的侵害将会是不可想象和无可挽回的；同时，若公权力徇私舞弊，对一些明显的违规违法犯罪行为置之不理，同样会带来公权力责任的缺失，导致公信力下降。监察权作为一种公权力，对其责任性的要求不容小觑，在监察权运行过程中，要坚持责任性原则。具体而言，监察权的责任性具有双重内涵：一是监察权要依法行使，履行法定义务，严防纵容腐败分子的行为，禁止出现责任缺失的情况。二是由于公权力的行使具有侵害私权利的风险，所以要建立对监察相对人权利救济与补偿机制，以及对行使监察权的监察机关和监察人员的问责机制，力图将监察权的负面影响降到最低。《监察法》着重对监察权的责任性提出了要求，对负有责任的领导人员和直接责任人员依法给予处理；监察机关及其工作人员行使职权，对侵犯公民、法人和其他组织的合法权益而造成损害的，依法给予国家赔偿等。

第四，程序性原则。依法行使公权力、依程序行使公权力是权力法治的重要保障。① 依程序行使公权力的核心是履行法定程序、遵循法定步骤。遵照合法、合理的程序行使公权力的过程实质上就是提高执行效率、保障相对人权益、提高公权力机关公信力的过程。一个妥当的事前事中程序比事后救济手段更能保障公民的利益。② 因此，要保证监察的审批程序、现场监察的要求和程序的切实运行(如调查人员采取讯问、询问、留置、搜查、调取、查封、扣押、勘验检查等调查措施，均应当依照规定出示证件，出具书面通知，由二人以上进行，形成笔录、报告等书面材料，并由相关人员签名、盖章；留置措施的启动程序以及对被调查人采取留置措施后，应当在二十四小时以内，通知被留置人员所在单位和家属等)。当然，这种程序性原则还体现在监察权与其他国家权力之间的关系上。以检察院为例，当监察对象涉及职务犯罪时，监察机关需要将调查所得数据一并提交人民检察院，依法审查，提起公诉；监察机关可以对人民检察院提出监察建议；人民检察院也可以要求监察机关补充调查材料。此外，程序性原则还意味着要遵循自然正义(Natural Justice)，自然正义原则包含两条著名的程序规则：一是个人不能在自己的案件中做法

---

① 王学辉、宋玉波等：《行政权研究》，北京：中国检察出版社，2002年版，第147页。
② 王名扬：《法国行政法》，北京：北京大学出版社，2007年版，第158页。

官；二是人们的抗辩必须公正地听取。① 这两条程序性原则落实到监察权上，就要求在监察权的行使过程中监察人员的选择要落实回避原则，即不能选择与监察对象有紧密联系的人员作为案件监察人；监察过程中要充分赋予监察对象提供说明、提出异议的权利。

综上所述，坚持监察权的独立性原则、专业性原则、责任性原则和程序性原则是监察权良好运行的重要保障，也是保障监察相对人合法权益的重要举措。

第四节　监察机关的职能定位与职权配置

权力的基本特征与运行原则是权力发挥效能的基本前提，其关键在于权力所属组织的职能定位与职权配置，职能定位确定了权力的范围和边界，职权配置明确了权力的可用工具与方式。监察权的所属组织监察机关(各级监察委员会)具有反腐倡廉建设、廉政制度建设以及职务违法和职务犯罪处置的职能以及协调、制度制定、监督、调查以及处置等的职权。

一、监察机关的职能定位

从监察机关的性质来看，监察机关就是我国的反腐败机关，所以其职能之一就是反腐倡廉建设。监察权的监察对象是所有行使公权力的公职人员，主要是监督其职务行为，涉及职务违法和职务犯罪两个方面，即监察机关的职能定位之二是职务违法和职务犯罪调查。此外，反腐败制度化、法治化以及各种反腐长效机制的构建也是监察机关的基本职能，这些职能是我国腐败治理转型的重要方式和主要方向，也是保证我国政权稳定、国家长治久安的重要保证。

第一，反腐倡廉建设。作为监察机关的一大职能，反腐倡廉建设实质上

---

① [英]威廉·韦德等：《行政法》，徐炳、楚建译，北京：中国大百科全书出版社，1997年版，第95页。

可以从两个方面来分析：一是腐败治理；二是廉洁倡导。腐败治理是反腐倡廉建设的行动层面。腐败是政治之癌，腐败对经济发展的负面影响是不容小觑的，因此腐败治理在世界上每一个国家的每一个发展阶段都是作为重点工作来看待的。在中国历史上，腐败治理一直都是政治发展的重要内容，疏忽腐败治理轻则导致国家和政府公信力下降，重则有亡国灭种的风险，中国历史上隋朝、元朝等朝代的灭亡与腐败猖獗就不无联系。新中国成立后，党和国家高度重视反腐败工作，先后建立了党的监督系统和行政监察系统两大反腐败力量，探索出了合署办公等工作方式；在此基础上，我国基本上形成了纪检监督、监察监督、审计监督、司法监督、人大监督、民主党派监督、政协监督、媒体监督、公民监督、网民监督以及社会组织监督等构成的监督体系。① 这一监督体系有效推进了我国的腐败治理，尤其是党的十八大以来，中国掀起了一场空前的反腐败风暴，腐败现象发展蔓延的势头得到了有效遏制。然而，伴随着强力反腐，也反映出了我国腐败治理的一些问题，例如腐败治理的力量分配不均衡，多种监督力量没有形成较强的合力。基于此，各类监督力量应发挥独特的作用，如媒体监督、公民监督、网民监督、社会组织监督等外缘监督力量应主要发挥腐败检举和信息供给的作用，纪检监督、监察监督应该主要负责腐败行为的调查和证据搜集，司法监督则主要负责腐败的审判处置，从而形成良性的、清晰的监督合力体系。再比如，此前一轮腐败治理的运动式特征明显，但这种方式会存在两种问题：一是运动式、非连续的治理会催生腐败分子的侥幸心理；二是过度的巡视巡察会影响、干扰公权力职能的有效发挥。因此，新时代腐败治理要着重解决以上两大问题，即监督合力的科学性、有效性问题以及腐败治理方式的规范化问题，这些问题的缓解或解决都离不开监察权的科学运行。

廉洁倡导是反腐倡廉的理念层面。相对而言，腐败治理的成本远远高于腐败预防，倡导廉洁的过程实质上就是预防腐败的过程。因此，监察机关不仅要发挥腐败治理的职能，也要发挥预防腐败的职能，要突出廉洁教育的功

---

① 何增科：《中国政治监督40年来的变迁、成绩与问题》，《中国人民大学学报》，2018年第4期，第32-42页。

能，将腐败遏制于发生之前。发挥监察机关廉洁倡导的职能，可以从以下三个方面着手。一是推进廉洁教育。廉洁教育应该永远在路上，要形成系统的廉洁教育体系，创新廉洁课程学习、廉洁文化宣传，探索出面向特定系统、单位有针对性的廉洁教育内容和考核评价体系。二是树立先进典型。文化的传播有着很强的环境效应，廉洁文化的形成需要营造持久性的良好环境。在此过程中，可以利用树立先进典型的机制，在单位内部、体制内部形成学习典型的风潮，从而形成良好的廉政文化氛围，打造体制内部廉洁文化的共同意识。三是扎稳制度震慑。制定严格的腐败治理制度，并广泛宣传，让每位官员都深刻认识到腐败的代价，从而在行为上更加克制，在法律规范内行事；同时，对腐败官员的处理也要让每位监察对象牢记在心，引以为戒，这些都是监察机关职能得以发挥的空间。

第二，廉政制度建设。严格来说，腐败治理包括两个方面：一是腐败抑制，讲求反腐效果，反腐倡廉的职能即发挥腐败抑制的功能；二是廉政建设，讲求制度发展。党的十八大以来，我国在腐败抑制方面取得了巨大的成就，铲除了大量腐败分子，"老虎苍蝇一起打"。然而，在反腐败斗争取得压倒性胜利并全面巩固的当下，我们仍要清醒地认识到反腐败斗争形势依然严峻复杂。从现实来看，当前我国的腐败治理工具还存在着较为明显的运动式反腐、政策式反腐的痕迹。这两种反腐方式虽然震慑力强、效率高，但是由于存在着较多的不确定性，从而导致反腐的标准化和稳定性水平受到较大的限制；另外，运动式反腐、政策式反腐都具有较强的阶段性特征，这就给了腐败分子可乘之机以逃避监察监督。基于此，监察体制改革设立监察权，以监察权推进廉政制度建设就成为现实必然。从根本上说，廉政制度建设的过程就是腐败治理法治化的过程。更进一步，作为政治生活中的核心要素，权力与权力之间形成的权力结构与运行机制决定了一个政治组织的基本制度。[①] 廉政制度建设(腐败治理法治化)也需要同时推进权力结构法治化和权力运行法治化。

在权力结构法治化方面，现代权力法治的核心是权力制约，监察权如何

① 陈国权、皇甫鑫：《功能性分权：中国特色的权力分立体系》，《江海学刊》，2020年第4期，第128-136页。

实现对其他国家公权力的权力约束本质上是一个廉政制度建设的问题。具体来说，廉政制度建设在权力结构方面需要解决以下三个问题。一是如何平衡监察权权力正常运行与权力过度集中之间的矛盾。如前文所述，监察权是一种复合性权力，之所以采取复合的形式就是为了协调各种监察力量，减少协调成本、提高运行效率；然而，整合带来的结果是监察权的集中，集中的权力如果不受约束就会带来权力专横的风险。因此，要加大对监察权的监督，一方面是加强外部监督，例如媒体监督、民众监督等；另一方面是进一步完善监察权与其他国家权力之间的衔接，在衔接中实现权力之间的约束，如监察机关与审判机关、检察机关之间的复核与补充机制。二是如何保证党的监督权与国家监察权在合署办公条件下执纪、执法的协调一致。党的监督权的监督对象是党员，而监察权的监察对象是所有行使公权力的公职人员。二者在监督监察范围上是有重合的，许多党员也是国家公权力的行使者，所以对这部分人的监督监察就需要既遵守党规又遵守法律法规。为了达到这一要求，就必须实现党规和法律法规的协调一致。三是如何平衡监察委员会与审判机关、检察机关既衔接又约束的关系。在我国，国家机关之间是分工协作的关系，在分工的基础上实现权力之间的相互约束。在监察权的行使过程中，监察委员会通过监督检察机关、审判机关的公职人员从而保证检察权、审判权在法律规定的范围内行使；与此同时，检察机关有权对监察委员会提出的监察材料、监察建议进行驳回，并对其提出公诉，要求其进行复议。这些问题的解决都需要进一步增强监察权廉政制度建设的职能。

在权力运行法治化方面，廉政制度建设的关键是实现程序规范和程序风险防范，以程序约束权力。① 程序规范主要是指监察权的行使要遵循特定的法定流程，最大限度地保证监察对象的合法权益，切不可为了提高运行效率而人为地减少监察程序。此外，监察权在权力运行法治化方面还要求对所有公职人员的"全过程"监督，而不是仅对结果进行调查和处理，只有从过程中监督才能有效地减少权力偏位行使带来的程序风险。总之，廉政制度建设应该

① 陈国权、皇甫鑫：《功能性分权体系的制约与协调机制——基于"结构—过程"的分析》，《浙江社会科学》，2020年第1期，第4-12页。

被高度重视，力图将腐败治理由人治反腐向法治反腐转变，由运动式反腐、政策式反腐向制度式反腐转变。

第三，职务违法和职务犯罪处置。在宏观层面，监察机关的职能主要包括反腐倡廉建设和廉政制度建设两大方面。职务违法和职务犯罪处置属于中观事务层面的职能体现，对中观事务层面职能的探讨可以帮助我们更清晰地认识监察权在权力体系中的作用发挥和运行机制。

总体而言，监察机关在中观事务层面的职能主要体现在两个方面：第一，职务违法处置；第二，职务犯罪处置。违法和犯罪是两个不同层面、不同程度的违规行为，监察机关在处理违法和犯罪两种违规行为时有着不同的要求。违法不一定犯罪，犯罪则一定违法。从广义上来看，犯罪从属于违法，犯罪是指违反刑法的行为，具体是指一切危害国家主权、领土完整和安全，分裂国家、颠覆人民民主专政的政权和推翻社会主义制度，破坏社会秩序和经济秩序，侵犯国有财产或者劳动群众集体所有的财产，侵犯公民私人所有的财产，侵犯公民的人身权利、民主权利和其他权利，以及其他危害社会的行为，依照法律应当受刑罚处罚的，都是犯罪，但是情节轻微危害不大的，不认为是犯罪。而违法是指违反法律、法规、规章的行为。从现实来看，腐败是一个既有可能涉及违法又可能严重至犯罪的行为，因此对于两种程度不同行为的处置方式也应当不同。对于违法行为，监察机关有权依据监察法律法规通过监督、调查对违法对象做出处置决定，转交法院对其进行强制执行。对于犯罪行为，监察机关则需要将调查所得的犯罪证据移交人民检察院，由人民检察院决定是否提起公诉，由人民法院进行审判，人民检察院有权要求监察机关补充监察材料。需要注意的是，职务违法和职务犯罪各自的标准以及二者之间的界限如何界定，需要制定清晰的法律条文，以规范监察机关对职务违法和职务犯罪行为的处置。

二、监察机关的职权配置

为了保障监察机关充分发挥其开展反腐倡廉建设、廉政制度建设，以及监督、调查、防范职务违法和职务犯罪的职能，就必须赋予监察机关一定的职权。具体来说，监察机关的职权配置主要包括协调权、制度制定权、监督权、调查权以及处置权，这些权力之间不是相互独立的关系，而是相互配合、相互影响的关系。监察机关的协调职权是一种程序性职权，其目的是保证监察权的有效发挥而整合多方力量；监察机关的制度制定职权是一种功能性职权，其目的是适应复杂、灵活、多变的腐败治理现实；监察机关的监督职权是一种预防性职权，其目的是在过程中预防腐败现象的产生；监察机关的调查职权是一种探索性职权，意在明晰腐败发生的客观事实，避免遗漏或误判；监察机关的处置职权是一种结果性职权，目的在于惩治腐败行为。

第一，协调职权。复合性是监察权的基本特征之一，复合性特征决定了监察机关需要进行较多的内部协调，从而达到监察力量的整体最大化。具体来说，监察委员会内部会根据职能定位分设多个科室，如职务违法处置科室、职务犯罪处置科室、廉洁教育科室、廉政制度建设科室等，由于这些职能的非独立性，在各个科室之间进行协调就成了必然。在内部，监察委员会需要享有对各个科室的协调职权。除此之外，监察委员会对外部相关力量的协调也至关重要。监察权的行使遵循了很强的专业性原则，现实要求使得监察委员会不得不协调多方力量共同保证监督监察的专业性。详细地说，监察委员会需要协调与公安机关、审计机关、检察机关、审判机关等机构的关系。在监察调查过程中，进行现场搜查时，监察委员会可以提请公安机关予以支援，对监察对象的通缉和限制出境等事项也需要协调监察委员会与公安机关的工作。审计机关可以为监察委员会提供专业的监察材料支撑。在涉及职务犯罪事项时，监察委员会需要与检察机关就关于移送案件等事项进行协调。监察委员会与审判机关的关系协调也是如此。

第二，制度制定职权。当前，我国反腐败形势依然严峻复杂，腐败形式的多样性、腐败现象的同盟化、腐败分子的迂回性要求腐败治理手段要多样化、灵活化。要实现这一目标，不仅需要提高监察机关的地位，增强其权力影响和威慑，还要赋予监察机关制定制度的职权，以灵活应对各种监察环境。具体来说，可以分为以下三个方面。一是制定实体规则，即在法律法规范围内，监察委员会可以通过行使监察权制定一些具体的行为准则，清晰界定监察对象的腐败行为的类别、程度等具体事项，依此对其采取不同的监察方式，以提高监察权行使的有效性。二是制定程序规则。程序规则是对监察权的行使方式、步骤的规定，科学的程序规则不仅可以提高执行效率，还可以最大限度地保障相对人的合法权益，程序规则的完善对于法治社会的建设大有裨益。三是制定发展规则。腐败形势时刻在动态变化着，反腐败规则也应该随之灵活变化，发展规则有两大任务：（1）随着环境的改变对现行的各种监察制度提出更新与发展建议；（2）发挥监察机关的预见性，试图在腐败行为发生之前就将其遏制，这需要制定出一些能提前探测腐败变化的制度。

第三，监督职权。监察机关监督职权行使的目的在于降低腐败行为的发生率，提高政务运行的廉洁度，其根本在于预防。监督监察作为监督职权行使的主要方式，需要在政务工作中落实，对监察对象是否依法履职、秉公用权、廉洁从政以及道德操守的状况进行过程监督，并可对其廉政事项进行过程指导，以避免过程失责导致的行为失控。然而，过程监督不总是利大于弊的，过度的过程监督可能会阻碍政务效率的提升，造成政务执行者为迎合监督者而无法正常工作的现象。同时，过程监督有时会超出廉政监督的范畴，对正常的行政行为进行干预，导致监督监察凌驾于行政之上的现象出现。因此，监察机关在推进过程监督的同时，必须严防监督职权过大干扰监督对象日常的行为。

第四，调查职权。监察机关的监督职权是一种预防性职权，而调查职权是介于预防性职权和处置性职权之间的权力，即调查公职人员行为是否存在违法、犯罪行为的事实，是否需要进行处置。具体来说，监察机关的调查职权涉及贪污贿赂、滥用职权、玩忽职守、权力寻租、利益输送、徇私舞弊以及浪费国家资财等职务违法和职务犯罪等多个方面，既包括不作为行为，也包括乱作为行为，强调的是权力运行的规范性问题。毋庸置疑，调查职权也应该遵守特定的法律规则。首先，调查要充分保障调查对象的个人合法权益，不得肆意侵犯个人权益对调查对象造成伤害。第二，调查措施是有限的，其使用也是有条件的。调查人员可以采取讯问、询问、留置、搜查、调取、查封、扣押、勘验检查等调查措施，这些措施的使用需要严格的前提条件，例如时间限制、地点限制等等。以留置为例，留置措施的实施必须要做好对留置对象的保护，如留置时间的长短、留置场所的条件要求、留置需要报上级监察机关备案，由集体决定是否留置等。换言之，监察机关的调查职权既要保证对不作为、乱作为行为进行彻查，又要保证对监察对象个人基本权利的保障，这也是依法治国的基本要求。

第五，处置职权。处置是监察权行使的最后一个环节，也是最为重要的一个环节。处置的对象不仅包括监察对象本人，还包括对监察对象的领导及其所在单位的处置。对公职人员的处置可以依据情节的严重程度分为劝诫性处置（谈话提醒、批评教育、责令检查）、政务处分性处置（警告、记过、记大过、降级、撤职、开除）、职务犯罪性处置（连同监察材料和监察建议一并移交检察机关处置）。对监察对象领导的处置主要是指对其领导工作的失误提出批评，严重的监察机关要对其做出问责决定。对监察对象所在单位的处置主要是指对监察单位存在的廉政问题提出监察建议。与前述的几种职权相似，处置职权的行使也需要严格遵守法律法规，不能因过分追求执行效率而忽略对监察相对人合法权益的保护。

总之，监察体制改革对于建立健全科学、有效的权力约束体制有着里程碑式的实践意义。宏观地说，监察体制改革也是一场宪法改革，诞生了新型的公权力——监察权，形成了人大与"一府一委两院"的新型权力结构，实现了监察对象从有遗漏到全覆盖、监察力量从分散到整合、监察措施从争议有限到合法丰富、领导方式从分散多头到集中统一的转变，构建了异体监督的雏形、纪法衔接的导引。在进一步的改革实践中，要建立健全监察权的运行规范，科学、合理地发挥其职能、行使其职权。同时，监察体制改革对于基层监督也提出了更高的要求，在一定程度上形塑了基层监督的发展方向。

第二章　中国国家治理的权力约束模式及其适应性

第一节　问题的提出

对权力进行约束已经成为现代国家建设的基本共识。不过，采用何种方式？权力约束的力度如何？为何会采用这种权力约束方式？对这些问题的回答在不同的国家会有所不同。就当代中国而言，概括权力约束模式并阐述其对中国国情的适应性对于理解中国国家治理逻辑，推动国家治理体系和治理能力现代化具有重要意义。同时，有助于在中国实践的基础上构建起权力约束的一般性理论，推进权力制约监督领域的学术对话。理解中国国家治理的权力约束模式及其适应性问题，是理解当代中国基层监督的前提和背景。

总体而言，当前学界对中国权力约束的研究大致可分为三类：一是探讨中国经验对权力制约与监督基本原理发展的研究，如提出了构建决策权、执行权、监督权既相互制约又相互协调的权力结构与运行机制的功能性分权理论①；二是从体制建构的视角探讨完善中国权力制约与监督体制机制的多维路径研究，如政党建设维度的研究提出要加强党对权力制约监督体制的领导以

---

① 参见陈国权、皇甫鑫等：《功能性分权：中国的探索》，北京：中国社会科学出版社，2005年版；景跃进：《中国特色的权力制约之路——关于权力制约的两种研究策略之辨析》，《经济社会体制比较》，2017年第4期。

及明确党内监督的职能定位与发展①，腐败治理维度的研究则聚焦于以腐败预防、技术反腐以及法治反腐推进权力制约监督体制机制的完善②，法治建设维度的研究主要是从遵守宪法精神和推进依法治国两方面来探讨权力制约监督建设的③，民主政治发展维度的权力制约监督研究突出表现在公民参与政治生活、舆论与第三方监督等④；三是探讨了中国场景下权力制约监督具体的治理工具，如审计监督⑤、权力清单制度⑥、信息公开⑦、电子政务⑧等等。总的来说，已有研究多集中在描述权力监督体系的主体、要素⑨，分析监督主体、监督机制、监督体系存在的问题，针对当前存在的问题提出对策建议⑩。

这些研究为我们理解当代中国的权力制约监督实践奠定了良好的基础，但仍有以下尚待推进的空间。第一，已有研究多为权力约束制度的"临床研究"，即描述现状、阐述问题、提出对策，这些研究似乎较为缺乏理论对话的

①　参见纪亚光：《我国国家行政监察制度的历史演进》，《中国党政干部论坛》，2017年第2期；徐理响：《试论中国共产党纪检制度的改革和完善》，《政治学研究》，2014年第1期；李广德、王晨光：《党内权力监督法治化的法理论证》，《马克思主义与现实》，2018年第1期。

②　参见蒋德海：《完善制约和监督机制，建立科学的反腐制度》，《毛泽东邓小平理论研究》，2010年第5期；刘艳红：《中国反腐败立法的战略转型及其体系化构建》，《中国法学》，2016年第4期；辛向阳：《当前我国腐败现象的新特点与反腐败的对策》，《当代世界与社会主义》，2010年第5期。

③　参见孙笑侠：《监督，能否与法治兼容——从法治立场来反思监督制度》，《中国法学》，2005年第4期；李红勃：《迈向监察委员会：权力监督中国模式的法治化转型》，《法学评论》，2017年第3期。

④　参见王丽萍：《社会制约：一种治理行政权力腐败的途径分析》，《求索》，2006年第7期；蔡宝刚：《迈向权利反腐：认真对待微博反腐的法理言说》，《法学》，2013年第5期；王邦佐、罗峰：《人民政协民主监督的理论支撑、现实意义和制度设计》，《政治与法律》，2007年第5期。

⑤　参见谭劲松、宋顺林：《国家审计与国家治理：理论基础和实现路径》，《审计研究》，2012年第2期。

⑥　参见朱光磊、赵志远：《政府职责体系视角下的权责清单制度构建逻辑》，《南开学报（哲学社会科学版）》，2020年第3期。

⑦　参见张国庆、杨建成：《信息公开与权力平衡：新时期中国政府有效监督的现实路径》，《天津社会科学》，2009年第3期。

⑧　参见李卫东、徐晓林：《电子政务：治理腐败的有效手段》，《科技进步与对策》，2004年第11期。

⑨　参见任建明、洪宇：《党和国家监督体系——要素、结构与发展》，《廉政学研究》，2018年第1期。

⑩　参见齐世泽：《新中国成立70年权力监督制度的探索、创新和改革》，《廉政学研究》，2019年第1期；宋伟、过勇：《新时代党和国家监督体系：建构逻辑、运行机理与创新进路》，《东南学术》，2020年第1期。

空间。因此，有必要从制约与监督的一般性理论来认识和审视中国国家治理中的权力约束体制机制，从而便于更好地总结中国经验，讲述中国故事。第二，已有研究鲜有对中国权力约束模式进行整体把握，尽管有一些研究对当前中国国家治理中的监督主体进行了系统描述，但这种描述不具有理论上的一般性意义，从而无法在比较视野下审视当代中国的控权问题。第三，已有研究较少讨论当前中国的权力约束体系与中国国情的适应性问题。基于此，本书试图从制约与监督这一权力约束与控制的一般性逻辑出发，概括并详细描绘可供比较的当代中国权力约束模式，并力图从经济基础和政治结构的双重维度阐释其适应性，以期推动权力约束与控制的一般性理论的发展。

第二节 "强监督—弱制约"：当代中国的权力约束模式

制约与监督是两种不同的控权逻辑，二者在事权状态、主体地位、权力方向、控权原则以及作用位置等方面都存在差异，如表2-1所示。在事权状态方面，制约强调在事权分离的基础上将其分配给不同的权力主体，使得一项事务的完成必须经过多个权力主体的约束、协商与妥协；监督则强调在保证单一权力主体事权完整的基础上，由另一主体对其行为的过程及结果进行约束。在主体地位方面，制约强调在制约关系中的两个或多个权力主体间地位对等，以形成彼此制衡的关系；监督则可在监督者与被监督者权力地位不对等的情境下进行，其依据是委托代理关系或宪法法律赋予监督主体的监督权力。在权力方向方面，制约强调权力关系的双向性，权力主体在权力过程中形成相互约束的权力关系；监督则呈现出权力关系的单向性，监督主体不直接参与被监督主体行使事务的权力过程，而是以第三方或委托者的视角对被监督者行为过程及结果进行追究。在控权原则方面，制约强调程序的正当性，以程序合法性保证权力过程中权力主体的及时性约束；监督则强调过程及结果的透明性，以便于第三方或委托者进行过程的监控或结果的追究，做到监督有依据。在作用位置方面，制约通常作用于公权力体制内部，从而使得权力主体间形成约束关系；监督则内外兼可，在内部表现为第三方专责监督机构或委托者对代理者的监督，在外部表现为公权力体制的外如民众、媒体等主体对公权力主体的约束。总的来说，制约具有作用发挥的经常性和主体间的对抗性，监督则具有作用发挥的可选择性和灵活性以及监督者群体的民主性。制约与监督的差异可以用"保险箱"的例子形象地表达，一个保险箱需要同时具备钥匙和密码才可打开，若钥匙和密码分别掌握在两人手中，只有在两人都同意的情况下才可打开，则二者之间是制约关系，责任共担；若钥匙和密码掌握在一人手中，而另一人在旁监督以免掌握钥匙和密码之人的不正当使用，则二者属于监督关系。实践中，制约和监督在同一体制内不具有绝对性，二者的混合是现代国家权力约束模式构建的普遍选择，但二者间的选择性侧重构成了不同国家权力约束模式的独特性。

表 2-1　制约与监督的核心区别

维度	制约	监督
事权状态	分离	完整
主体地位	对等	可不对等
权力方向	双向	单向
控权原则	程序正当	过程及结果透明
作用位置	体制内	体制内外皆可

说明：表 2-1 为作者自制。

　　基于此种区分，当代中国总体上形成了"强监督—弱制约"的权力约束模式。对"强监督—弱制约"权力约束模式的理解，可以从两个层面展开：一是类别层面，二是力度及影响层面。在类别层面，当代中国的权力约束模式以监督机制为主。在公权力体制内部，有党内监督、纪委监委专责监督、人大监督、民主监督、行政监督、司法监督、审计监督、统计监督等；在公权力体制外部，有群众监督、舆论监督等。具体来说，党内监督在整个控权体系中发挥主导作用，其主要形式有谈心谈话、检查抽查、列席民主生活会、受理信访举报、督促巡视巡察整改、提出纪检监察建议等，这些机制都是以事权完整为基础的监督机制，而非事权分离的制约机制。又如，纪委监委不介入被监督对象的决策与执行过程，而只是以第三方的身份审查其决策、执行的行为及结果是否违纪违法，遂为监督关系。与此相同，上述的其他控权方式也为监督控权，而非制约控权。当然，在当代中国公权力体制中也存在着一些制约控权机制。例如，在商事登记与行政审批中，需要多个政府部门进行审核、盖章，有一个部门审核不通过则无法完成这项事务，这实际上体现了政府部门间基于事权分离的制约关系，但这种制约关系是发生在行政体制内部的，不具有公权力体制层面的意涵；另一方面，这种制约本质上是国家与社会关系视野下的制约关系，对公权力体制内部部门间的制约具有间接性作用。与中国不同，美国政治体制中制约机制发挥的作用更为明显，集中体现在立法权、行政权与司法权通过相互重叠、渗透等方式形成相互制衡的关系，如国会中参议院与众议院的制衡关系等。

在力度及影响层面，监督机制总体上发挥的力度及影响力更大，可以从两个维度展开对监督强弱的测量：一是监督行为的力度，二是监督机构的规模。监督行为力度的大小反映着监督力量在权力约束中发挥的作用大小，反腐败绩效是衡量监督行为力度大小的核心指标之一。党的十八大以来，我国从中央到地方的反腐败力度大大加强，利用巡视巡察、派驻监督、审计监督等方式查处了大量腐败分子，对公权力滥用行为形成了极大的震慑，起到了较好的权力约束作用。党的二十大通过的《十九届中央纪律检查委员会向中国共产党第二十次全国代表大会的工作报告》显示，五年来全国纪检监察机关共立案腐败案件 306.6 万件，处分 299.2 万人；立案审查调查行贿人员 4.8 万人，移送检察机关 1.3 万人；共接收信访举报 1695.6 万件次，其中检举控告类 734.4 万件次，处置问题线索 831.6 万件；运用"四种形态"批评教育帮助和处理 933.6 万人次；共查处享乐主义、奢靡之风问题 28.6 万个，批评教育帮助和处理 39.8 万人，其中给予党纪政务处分 28.5 万人；共查处形式主义、官僚主义问题 28.2 万个，批评教育帮助和处理 42.5 万人，其中给予党纪政务处分 25.3 万人。甚至打掉了国家级、省部级等"大老虎"。需要注意的是，这些腐败分子的落马大多是监督机制而非制约机制作用发挥的结果，这足以见得监督的力度之大。此外，监督机构本身的规模也是衡量监督强弱的重要指标。有学者统计当代中国纪检干部数量约占整个公务员群体数量的 16.7%。[①] 据笔者的调研访谈显示，在某省一级党政机关层面，纪检监察部门公务员编制数量达到总编制数量的 10%，在县区一级更是高达 14%。无论是上述哪一个数字都足以体现监督机构的规模之大，监督力量之强。但需要注意的是，实践中监督力量过大可能会异化为过度监督，影响其他公权力的正常运转，形成诸如监督权与执行权之间的矛盾等。

综上所述，当代中国总体上形成了"强监督—弱制约"的权力约束模式。本书试图在客观描绘这一权力约束模式的基础上，阐释其与当代中国经济形态与政治结构的适应性关系。当然，这种适应性逻辑是极为复杂的，与历史传统、文化内涵甚至一些偶发因素等都不无联系，本书仅是试图从经济形态与政治结构两个维度来讨论这一问题。需要说明的是，本书所指的适应性是指体制与环境的相互适应性，而非体制决定环境或环境决定体制，这暗含的前提是体制与环境的动态平衡及其适应性是社会向前发展的内在动力。

第三节　"强监督—弱制约"与经济形态的适应性

经济基础与政治体制的平衡是一个国家、社会持久发展的内在动力。研究认为，以公有制为主体的基本经济制度与"强监督—弱制约"的权力约束模式之间存在着内在适应性。

一、生产资料公有与政府的资产经营行为

我国在社会主义改造完成后，就基本确立了生产资料公有制为主体的经济格局。然而，在改革开放之前的计划经济时代，公权力手中掌握的社会生产资料没有得到较为充分的利用，未能产生较高的利用效率。随着改革开放的推进，以经济建设为中心的基本路线得以贯彻，社会主义市场经济体制也

---

① 何增科：《中国政治监督 40 年来的变迁、成绩与问题》，《中国人民大学学报》，2018 年第 4 期，第 32-42 页。

在实践中被逐步确立起来，形成了以公有制为主体、多种所有制经济共同发展的基本经济制度。其中，公有制经济包括国有经济和集体经济以及混合所有制经济中的国有成分和集体成分。在此情境下，尽管公权力对市场的直接介入有所减少，但公有资产在社会总资产中长期占主导地位，[①] 以公有制为主体的资产配置形态是社会主义经济制度的重要基础。

以公有制为主体的生产资料所有制形态决定了政府实行经营行为的基础、责任和能力，来自外部与内部的压力和动力促成了由中央到地方各层级政府的积极权力观与效率保障观。值得注意的是，公权力的积极作为一方面源于国内中国共产党的使命驱动以及绩效合法性，另一方面也源于国内民众与国际社会的压力，在动力与压力的双重作用下以及生产资料公有的基础上，铸就了公共权力的经营行为。在地方层面，来自上级的经济绩效考核以及官员晋升压力，使得借用土地等资源进行经济运作成为各地的一致选择，形成了"政府即厂商"[②]、"地方性市场社会主义"[③]、"政权经营者"[④]、从"经营企业"到"经营城市"[⑤]、土地—金融—财政"三位一体"的经营格局[⑥]、"政企统合型治理"[⑦]等一系列概括公权力资产经营行为的学术概念。政府对公共资产的经营行为在开发区等第三区域体现得最为明显，开发区建设大多采用了政府主导的对土地等生产资料进行广泛经营的模式，产生了很高的经济绩效。总之，当代中国的公权力主体绝非"守夜人""小政府"的角色，实践中不仅发挥着维护市场与社会秩序的作用，还是推动经济发展的直接建设者，强调权力运行的效率导向。从理论上来讲，公权力的效率导向会形塑特定的权力配置形态。

---

① 参见裴长洪、杨春学、杨新铭：《中国基本经济制度——基于量化分析的视角》，北京：中国社会科学出版社，2015 年版。

② 参见 Walder Andrew, "Local governments as industrial firms: an organization analysis of China's transitional economy," *American Journal of Sociology*, 1995(2).

③ 参见 Lin Nan, "Local market socialism: local corporation in action in rural China." *Theory and Society*, 1995 (3).

④ 参见张静：《基层政权：乡村制度诸问题》，上海：上海人民出版社，2007 年版。

⑤ 参见曹正汉、史晋川：《中国地方政府应对市场化改革的策略：抓住经济发展的主动权》，《社会学研究》，2009 年第 4 期。

⑥ 参观周飞舟：《以利为利：财政关系与地方政府行为》，上海：上海三联出版社，2012 年版。

⑦ 参见陈国权、毛益民：《第三区域政企统合治理与集权化现象研究》，《政治学研究》，2015 年第 2 期。

二、公共产品生产与公权力的集中配置

从总体上来看，当代中国形成了较为集中的权力配置形态[①]。实际上，影响权力配置的因素有很多，如历史传承、外部环境甚至偶发性因素。除此之外，本书认为当代中国集中的权力配置形态方式与公有制经济基础上公共产品的生产逻辑紧密相关，二者之间呈现出了相互适应的逻辑。

如前文所述，生产资料公有制形塑了政府公权力的资产经营行为。实际上，在当代中国，政府资产经营行为的本质是公共产品[②]的生产。当前，我国仍处于并将长期处于社会主义初级阶段，这就决定了公共产品生产逻辑的核心地位，而生产逻辑的主导在一定程度上会形塑权力集中的配置形态。具体来说，公共产品的生产需要考虑生产任务、生产管理、外部环境等因素。在生产任务方面，生产为要的战略导向意味着公权力运行的效率导向。而效率的保证则需要权力的集中配置，这是由于权力的集中便于增强组织间与组织内的协调与动员能力、克服信息碎片化、提高决策的及时性。与之相反，权力的分散配置则更注重对权力的约束，在权力运行过程中设置更多的掣肘，但这会损失公权力的运行效率。在生产管理方面，效率导向会产生对科学管理的依赖，而科学管理的方法总是掌握在精英抑或专业者的手中，公权力对公共品生产效率的追求就会使得权力向精英集中，这具有现实合理性。在外部环境方面，新中国成立以来国际社会时常处于波动状态，权力的集中配置有助于及时应对这种变幻莫测的外部政治与经济环境，确保公共品生产的效率。

三、公权力的集中配置与"强监督—弱制约"权力约束模式的适配

权力必须受控。然而，在不同的国家治理逻辑之下控权的方式会不尽相同。当今世界国家治理的基本逻辑可以概略地分为集权逻辑与分权逻辑。具

---

① 陈明明：《中国政府原理的集权之维：历史与现代化》，《公共管理与政策评论》，2021年第1期，第6-20页。

② 公共品具有狭义与广义之分，狭义的公共品必须兼具非排他性和非竞争性，而广义公共品则只需具有非竞争性。本书中的公共品采用了广义概念，既包括物化的各种城市基础设施等，也包括各种非物化的公共服务，如教育、医疗、文化、安全和社会秩序等。

体来说，美国的政治体制就是典型的分权逻辑，强调限权优先。这种限权与有限权力的理念形塑了美国强制约的控权逻辑，强调权力与权力之间的相互约束，强调一项公共事务的决策需要各方利益的代表予以同意等。然而，这种强制约的控权方式在一定程度上损失了权力的运行效率，这与公共品生产逻辑占主导地位的当代中国不相适应。

而"强监督—弱制约"的权力约束模式与当代中国的整体集权逻辑是相适应的。采用监督为主的权力约束模式，一方面可以对权力的运行进行约束，在一定程度上防止权力滥用、专断与腐败发生；另一方面，可以在保障事权完整性的基础上使得权力主体可以充分灵活地、及时地应对各种决策事项，以保障权力运行的效率，这与以公有制为主体的经济基础的要求是相适应的。反之，若采用强制约的权力约束模式，则会增加对公权力运行的掣肘，强制约所意涵的事权的不完整性还会严重降低公权力的运行效率，与公共品生产逻辑占主导以及对公有资产运作的责任不相符。

总之，当代中国以公有制为主体的经济基础与生产资料公有的所有制形式赋予了公权力基础、能力和责任实施的经营行为，而经营行为必然是追求效率的。效率导向的权力逻辑在权力配置方面就体现为集中配置，以其信息的完整性、决策的灵活性与及时性便于保障权力运行的效率。这种要求与制约控权的内涵存在着较大的张力，因为制约本身意指事权的分离与不完整，因此集权与制约在总体上是互斥的。与之不同，监督控权则与权力的集中行使有较高的契合度。因此，在实践中，当代中国逐步形成了以监督为主的权力约束模式。

第四节　"强监督—弱制约"与政治结构的适应性

"强监督—弱制约"的权力约束模式一方面与以公有制为主体的经济基础相适应，另一方面又内生于当代中国的政治结构。

一、整体性的广义政府与功能性的权力配置

对于当代中国的国家治理而言，中国共产党是具有决定作用的领导力量。可以说，不理解中国共产党就无法理解中国的国家治理。中国共产党领导国家建设、推进国家治理、促进国家发展，这与西方政党的代表、表达、选举功能在客观上是截然不同的。因此，将中国共产党纳入中国的公权力体制，对于认识、理解中国国家治理有其必要性。换言之，在中国只有"将政党带进来"，认可中国共产党是作为公权力的要素，才能构成一个完全的公权力概念[①]。换言之，必须将中国共产党带进考量，来同各国家机关共同构成具有整体性内涵的中国国家治理体系，即广义政府[②]。在广义政府内部，中国共产党组织与各个国家机关之间形成了分工协作的结构性关系。

将"政党带进来"之后，带进来的党组织与国家机关之间分工协作关系本质上是中国国家治理的权力配置逻辑。总的来说，权力配置有功能性和制约性之分，二者之间在目的、形式等方面存在着较大的差异。功能性的权力配置意在强调权力分工的协同合作属性，以权力分工保证职能、责任的划定，从而保证权力运行的效率；制约性的权力配置意在强调权力分工的利益制衡属性，以防止权力的独断专权、滥用腐败等。显然，当前中国共产党和各个国家机关之间的分工关系属于功能性的权力配置关系。这一功能性的权力配置关系在经过了多次的变动，有其灵活性，如党政关系的合一、分开、整合，又如监察监督机构的设立、撤销、重设即合署办公等。当前，这一功能性权力配置体系已渐趋清晰、稳定，整体上形成了决策权、执行权、监督权的权力配置体系。

---

① 景跃进：《将政党带进来——国家与社会关系范畴的反思与重构》，《探索与争鸣》，2019 年第 8 期，第 85—100 页。

② 本书所指的广义政府与范围意义上的"广义的政府"具有根本的区别，本书所指的广义政府具有整体性的组织意涵，整体性是当前改革实践的总体趋势。习近平总书记在十九届三中全会上所作的《关于深化党和国家机构改革决定稿和方案稿的说明》中所言："各级各类党政机构是一个有机整体。推进国家治理体系和治理能力现代化，必须统筹考虑党和国家机构设置，科学配置党政机构职责……党的有关机构可以同职能相近、联系紧密的其他部门统筹设置，实行合并设立或合署办公，使党和国家机构职能更加优化、权责更加协同、运行更加高效。"

二、轮辐式权力结构与权力间的依附关系

在功能性权力配置体系之下，各权力主体之间形成了轮辐式权力结构。所谓轮辐式权力结构，是指整个权力体系犹如一个"轮子"，由"轴心""辐条"和"轮辋"等部件构成。在这其中，决策权居于核心地位，发挥轴心作用；执行权主要是落实既定决策，多头分工开展；监督权则主要是约束决策与执行过程及结果的正当性，防止权力的不正当运用。如图2-1所示。在中国场景下，中国共产党行使决策创议权，人民代表大会行使决策审议权，二者共同构成了决策结构①，居于权力体系的核心。相对而言，人民政府及其各部门为决策执行者，行使执行权；法院、检察院则在一定程度上行使法律执行权。而纪委、监察委为监督者，对整个权力体系进行行为过程与结果的约束。这种轮辐式权力结构是历史与现实的双重产物，从历史来看，中国共产党先于新中国诞生，并领导建立了新中国，在新中国成立后自然成为公共治理的关键主体，这一历史惯性延续至今，形成了中国共产党在国家治理体系中的核心地位。从现实来看，中国共产党的公共治理角色愈来愈凸显且完善，发挥着总揽全局、协调各方的作用。习近平总书记曾指出："在国家治理体系的大棋局中，党中央是坐镇中军帐的'帅'，车马炮各展其长，一盘棋大局分明。"②这也进一步印证了中国共产党的核心地位。

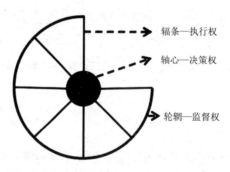

图 2-1 轮辐式权力结构示意图

---

① 此处的决策仅指宏观战略决策，不包括中观管理决策和微观事务性决策。党中央和地方党委的决定具有宏观性，而具体的行政决定、专业性事务决策则由人民政府负责。

② 习近平：《论坚持党对一切工作的领导》，北京：中央文献出版社，2019年版，第9页。

　　在轮辐式权力结构下，权力的依附关系便成为必然。所谓权力的依附关系，具体是指决策权、执行权、监督权及其主体之间不是权力平等的关系，而是呈现出执行权、监督权向决策权依附的状态。权力的依附关系又会导致结构的不稳定性和结果的不确定性。例如，执行权、监督权的行使过于依赖决策权，使得执行权与监督权不具有独立性，执行权可以被打断从而完全服务于决策权。如果决策失误则影响巨大，会导致执行错位等结果。此外，在这种权力关系中，监督权也存在丧失客观性的风险，监督权的依附性质会使其无法发挥约束决策失误与执行错位等现象发生的作用。同时，由于权力依附带来的结构不稳定性，也会带来决策权赋予监督主体过强的监督力量，从而使得监督异化干涉执行权等。以上这些都是在这一模式的现实运行中需要尤其关注的问题，也是进一步优化权力结构，推进国家治理现代化的重要面向。

三、非对称结构下"强监督—弱制约"权力约束模式的形成

　　从某种程度来讲，对称的权力结构意味着权力主体之间的地位平等且相互制衡，这显然与当前中国轮辐式的权力结构与权力间的依附关系不相适应。然而，这并不意味着权力运行无法得到约束与控制。对任何一个公权力体制而言，控权都是必不可少的。如果缺失了控权机制，就会出现权力滥用、贪腐盛行的现象，甚至会危及整个公权力体制。因此，在这种情境和要求下，建立基于非对称性权力结构基础上的权力约束模式在当代中国有其必要性。事实上，非对称性的权力约束模式已在多个国家建立，因为完全意义上的对称性权力结构已逐渐无法适应当前社会结构的日益分化、公共事务的成倍增长，新生事物的层出不穷以及错综复杂的社会环境。① 不同的是，非对称性结构在不同国家有不同体现，在一些国家表现为立法权、行政权、司法权之间的非对称，如行政权扩张、司法权萎缩等。而在中国，权力之间的非对称性更多地体现在决策权、执行权与监督权之间。非对称的权力结构与制约模式

---

　　① 虞崇胜、郭小安：《非对称性制衡：权力制衡模式发展的新趋势和新特点》，《理论探讨》，2008 年第 4 期，第 1-6 页。

的基本要求无法契合，因为制约模式要求权力与权力之间关系对等，在此基础上形成权力相互之间的约束，共同完成一项事务。在当代中国，轮辐式权力结构以及权力的依附关系决定了非对称的权力关系。而以监督为主的权力约束模式对非对称性权力结构具有较强的适应性。

总之，从制约与监督相区分的一般性理论出发，当代中国基本上形成了"强监督—弱制约"的权力约束模式，这一模式与当前的经济形态与政治结构相适应。在经济形态方面，"强监督—弱制约"的权力约束模式建基于以公有制为主体的经济基础，即生产资料公有制之下政府的资产经营行为，公共品的生产逻辑与集中的权力配置方式。此外，"强监督—弱制约"的权力约束模式还内生于当代中国的政治结构，即整体性的广义政府与功能性的权力配置、轮辐式权力结构与权力的依附关系。"强监督—弱制约"的权力约束模式会对中国的政治运行产生深刻的影响。在"强监督—弱制约"的权力约束模式下，监督机制是主要的权力约束机制，监督权的发挥具有较大的影响力。因此，一方面，监督权在需要保证决策科学、执行坚决的基础上，要对决策权、执行权行使的正确性予以监督，尽可能减少决策与执行过程中的失误与腐败；另一方面，监督权也要在保证监督执行的基础上给予执行权独立执行的空间，避免出现过度监督从而干扰执行的情况。因此，总体来看既要保证监督权的独立性，发挥监督效能；又要保证监督权在合理的范围内行使，不对决策权和执行权的运行产生负面影响。此外，还需要解决"谁来监督监督者"的问题。要解决此问题，要从内部约束和外部约束来着手。首先，要畅通人大、民众、媒体等的外部监督渠道。其次，要加强内部约束机制建设，严防灯下黑。再次，要形成监督问责的制度体系。最后，要健全监督行为的合法性和程序化。当然，在中国国家制度的建设中，还需要在适当范围内扩大制约机制的应用，确保权力的正确行使，防止权力的滥用专断。当代中国"强监督—弱制约"的权力模式对基层监督的影响主要体现在基层监督实践中要优化完善各种监督力量，在激发监督活力的同时又要防止监督权滥用和过度监督问题的出现。

第三章　国家治理逻辑与监督制度绩效

第一节　问题的提出

不受约束的权力会胡乱作为。对权力进行约束、防止权力滥用专断是现代国家建设的重要内容，关乎政治社会稳定与国家治理合法性。在西方，可以说一部西方政治思想史就是一部权力约束的历史。自亚里士多德对政体议事机能、行政机能、审判机能进行划分开始，几乎每位西方政治学家都对权力约束问题进行过讨论，有的理论著述甚至对实践产生了直接的影响，指引了西方政治实践的发展变革和政治体制的构建。西方权力约束的历史发展至今，基本形成了以"社会契约"为基础，主张通过多元主义的思路分解和控制公权力的路径。例如，美国政治体制以三权分立、选举制、社会监督等方式解决防止权力滥用专断的问题。但毋庸置疑，美国三权分立的政治体制不是一个追求效率或者说以效率为主导建构起来的体制。从其历史根源来看，美国三权分立的政治体制从一开始就是以防止权力的滥用专断为目标建立起来的，其核心的控权机制是制约机制①。

中国的权力约束模式与以美国为代表的西方国家显著不同，以监督机制为主。当前，中国构建了庞大的权力约束体系，如前所述主要包括纪检监察

---

① 需要说明的是，制约与监督是两种不同的控权机制，制约机制强调事权分离、权力主体地位对等、权力关系的双向性等；而监督机制则强调事权完整、权力主体地位可不对等，但须法律授权，权力关系的单向性等。

监督、人大监督、民主监督、行政监督、司法监督、审计监督、财会监督、统计监督、群众监督、舆论监督等。① 其中，纪检监察监督是中国权力约束体系的核心。在实践中，围绕纪检监察监督有两个现象值得关注和解释。第一，我国在对公职人员相关纪律、法律要求基本不变的情况下，纪检监察机关依据相关监督制度产生的监督绩效却呈现出了较大的波动，尤其是在党的十八大前后，党的十八大后呈现出了显著的跃升，所图 3-1 所示。需要说明的是，尽管部分绩效是由于不同时期会产生不同数量的腐败问题，但如此巨大的波动显然无法仅由这一原因来解释。第二，建国以来纪检监察机关的组织结构、领导体制等变化较大，大致经过了新中国成立初期至 1980 年的同级党委单一领导体制、1980 至 2012 年的双重领导实际以同级党委领导为主的体制，以及 2012 年以来的双重领导实际以垂直领导为主的体制。在此期间，经历了 1955 年建立监察委员会取代纪律检查委员会，"文革"期间取消了纪检监察机关，1978 年重新恢复设立了纪律检查委员会，1986 年重新设立行政监察机关，1993 年推行纪律检查委员会与行政监察机关合署办公制度，2016 年启动试点并逐步在全国范围内推行监察体制改革，实行各级纪律检查委员会和各级监察委员会合署办公。那么，引人关注的问题是：为何承担监督职能的纪检监察机关会经历如此大的变化？笔者认为，以上两个现象在一定程度上反映了中国权力监督与国家治理的内在逻辑。

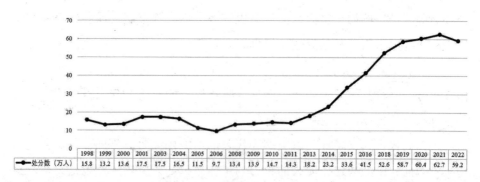

图 3-1　历年全国纪检监察机关处分数（1998—2022 年）

---

① 王锐、倪星：《政党引领的权力监督模式：生成逻辑与内在机制》，《政治学研究》，2022 年第 1 期，第 70-81 页。

第二节　理论基础与分析框架

在研究过程中，本书主要采用功能适当理论和结构功能主义作为理论基础，并在拓展或修正的基础上加以运用。此外，本书采用了功能性分权的分析框架来窥探我国权力结构的演变，从而对研究问题进行深入回答。

一、理论基础

1. 功能适当理论及其拓展

在我国，纪检监察机关实际上行使着监督权，而监督权所处的权力结构关乎权力配置问题。在对权力配置的理解中，形式主义与功能适当是两种基础的视角。以三权分立体制为例，形式主义的视角更多地关注和推进的是权力分立的形式，强调公权力在形式上分为立法、行政、司法，三权之间相互分离。但在实践中，美国学者和实务工作者都认为形式上三权之间的彻底分离是不可行的，彻底的分权也是无法保证自由的，只会导致治理能力的丧失。因此，有学者提出形式主义的分权学说只是一种"浪漫的自由主义承诺"[1]，是无法付诸实践的，其保证自由的作用也无法得到实践检验，极端的、彻底的形式主义的分权不仅不能保证自由、提升治理能力，还可能使得国家无法得到建构，导致国家能力极弱。维尔就认为："聚焦于防止政府侵蚀个人自由导致了一些弱化政府的措施，以至政府无法行动来为社会经济生活提供必需品，而这是个体恰当发挥才能的关键所在"[2]。另一方面，形式主义学说很容易变成教条和阻碍。正如美国当代宪法学者阿克曼所言，"对立的分支会运用宪法赋予它们各自的权力工具，互相找麻烦：国会不停地攻击行政机关，而

---

[1] 参见 Louis Henkin, *Constitutionalism*, *Democracy*, *and Foreign Affairs* (New York: Columbia University Press, 1990).

[2] M. J. C. Vile, *Constitutionalism and the Separation of Powers* (2nd ed.), Indianapolis: Liberty Fund, 1998, pp. 9-10.

总统则不放过任何可以摆脱束缚、单方面行动的机会"①，阿克曼将这种情况称为"治理能力的危机"。

形式主义在理论与实践层面遇到困难的情境下，功能适当理论被提出来了，其更多看到的是权力分工分立的功能发挥。功能适当理论真正受到重视始于德国，在1984年的"核导弹部署案"中，德国联邦宪法法院开始实际运用功能适当理论来解释政治实践。当时，联邦宪法法院提出的著名的司法判词就很好地体现了功能适当的宪法解释，即"由具有最优前提条件的机关按照它们的组织、组成、功能和程序作出决策。这也是为了谋求国家权力的适度和节制。"②在功能适当的理论研究方面，德国学者黑塞在《联邦德国宪法纲要》中指出："不能脱离具体的与历史性的国家秩序及其前提条件而独立存在""作为宪法基本原则的权力分立的任务，并非作为一种消极的事后限制而存在。权力分立的对象毋宁是一种人类共同生活的积极秩序，此秩序建构了各种国家权力，决定并且限制他们的权限，让他们共同行动，并以这种方式形成（受限制的）国家权力的统一整体。"基于此，黑塞进一步形成了"任务—功能—机构"的逻辑，即由特定的任务确定相应的功能需求，再根据功能实现的要求赋予相应机构。此外，欧森布尔也对功能适当理论的发展做出了显著的贡献，他将自己的理论概括为四个关键词，即"机关结构的功能适当性""决定的合法化""职责"以及"决定的效能"，提出"各个机关依据其内部结构、组成人员、工作方式和必须遵守的决定程序，能够合法且有准备地做出有效率的决定。"③

美国宪法学者约翰·曼宁也有相似的观点，他认为当前美国宪法学界基本形成了形式主义进路和功能适当进路。二者的区别在于形式主义强调规则（rules）、宪法文本与原初理解（constitutional text and original understanding），

---

① ［美］布鲁斯·阿克曼，聂鑫译：《别了，孟德斯鸠：新分权的理论与实践》，聂鑫译，北京：中国政法大学出版社，2016年版。

② 转引自张翔：《国家权力配置的功能适当原则——以德国法为中心》，《比较法研究》，2018年第3期，第143-154页。

③ 转引自张翔：《国家权力配置的功能适当原则——以德国法为中心》，《比较法研究》，2018年第3期，第143-154页。

而功能适当强调标准(standard)、宪法目的(constitutional purposes)。① 在功能适当进路下，国家权力的配置不再只是为了保卫个人自由而进行的分权，同时也是要让国家的运作更有效率，更能妥当地实现国家的各项任务。② 因此，我国学者张翔提出功能适当理论在国家的组织方式问题上涉及两个关键转变：(1)从消极到积极的转变，即权力分立原则的目标不再是单纯消极地限制国家权力，还要积极地决定国家权力的形成与配置；(2)从事后到事前的转变，也就是将构建国家机构的视角向前提，对权力进行分工不再是对先于宪法存在的权力的事后限制，而是从一开始就要关注国家权力、功能和机关的形成与配置问题。基于此，在功能适当理论看来，当某项国家任务需要分配时，一方面要比较、分析哪个机关在组织、结构、程序、人员上具有优势，最有可能做出正确决定，确定功能最适合的机关；另一方面，如果宪法将某个国家职能配置给了某个机关，那么就应该对这个机关的组织、结构、程序、人员进行相应调整，以使其能够达到落实这项国家任务所需要的功能要求，也就是成为针对该项职能的功能最适的机关。③ 总体而言，功能适当的权力配置原则可以概括为两项规范教义：第一，以机关结构决定职权归属，即将国家功能配置给最适当的机构；第二，因应职权需要调整机关结构。④

功能适当理论对于理解中国国家治理与公权力配置具有极强的启发性，为本书研究提供了很好的理论基础。我国事实上形成了功能性的权力配置原则，强调注重国家效能和治理能力，要求将各种国家任务的相应职权配给在组织、结构、程序、人员上具有功能优势的机关，而不再僵化地拘泥于权力的"分""合"问题，从而形成"功能—机构"的逻辑链条。功能适当的解释路径具有极强的启发性，本书试图在此基础上将功能适当理论进行拓展，提出第

① John F., "Manning, Separation of Powers as Ordinary Interpretation," *Harvard Law Review*, 2011: 1939-2040.

② 张翔：《国家权力配置的功能适当原则——以德国法为中心》，《比较法研究》，2018 年第 3 期，第 143-154 页。

③ 张翔：《我国国家权力配置原则的功能主义解释》，《中外法学》，2018 年第 2 期，第 75-80 页。

④ 参观张翔：《中国国家机构教义学的展开》，《中国法律评论》，2018 年第 1 期；钱坤、张翔：《从议行合一到合理分工：我国国家权力配置原则的历史解释》，《国家检察官学院学报》，2018 年第 6 期。

三个方面的理解，即权力关系的功能适当，即不仅是机构（主体）配置的功能适当，也是权力关系（结构）的功能适当，在国家公权力配置中可依功能需要调整权力关系或权力结构，从而形成"功能—机构—关系"的逻辑链条。

2. 结构功能主义及其修正

"结构"是社会科学研究中频繁出现的词汇，也是最重要和最难以捉摸的术语之一。① 但到底何谓"结构"？这似乎是个含混不清的问题，在不同的学科、流派、语境下似乎有不同的解读。

结构主义是一种认识事物的视角和方法，即万事万物都处于结构之中，深受所处结构（思维结构、心灵模式）的影响，事物的变化通常也是事物所处结构变化的产物。因此，在结构主义看来，对于事物的分析，不能只分析事物本身，而要从事物所处的结构来分析。结构主义坚持只有通过存在于部分之间的关系才能解释整体和部分。结构主义方法的本质和首要原则在于，它力图研究联结和结合诸要素的关系的复杂网络，而不是研究一个整体的诸要素。结构主义在多个学科中都有体现，如语言学、心理学、人类学、社会学等，其代表人物有索绪尔、列维-斯特劳斯、皮亚杰等。政治社会学者斯考切波在其经典的国家与社会革命关系的分析中，就采用了结构性视角，指出革命不是通过大规模的群众动员"制造"出来的，而是在各种结构性力量之下自然"发生"的。斯考切波认为，参与革命的群体复杂多元，驱动力量也各有不同，并非一些革命精英对群众灌输就能迸发出革命的火花。相反，革命是在特定历史、社会等结构性因素的共同作用下自然产生的。具体而言，解释革命之所以会爆发的主要自变量，是各个国家的农业经济、阶级结构、外来压力大小以及农村社会政治结构，因果机制则是由这几个主要自变量相互结合从而导致国家陷入政治危机之中，"而这些政治危机又位于旧制度国家的结构和形势的中心"②，并最终推动了革命的产生。

也有社会学者指出，社会学提供的最有价值的知识即为"结构分析"，并认为结构分析在当前并未落伍，而是进行了优化，实现了从系统演绎到事实

① 严飞：《历史图景的过程事件分析》，《社会学评论》，2021 年第 4 期，第 120-137 页。
② [美]西达·斯考切波：《国家与社会革命——对法国，俄国和中国的比较分析》，何俊志、王学东译，上海：上海人民出版社，2007 年版。

证明的转向。① 她认为从传统的结构分析到当前的结构分析变化主要在于：从静态抽象到现实变迁（现有对结构分析的批判认为，传统结构分析只解释静态的稳定而不能解释动态变迁）、从前设关系到新角色涌现、从环境确定性到内生偶然性、从逻辑推断到经验证明。就此文来看，结构分析主要是指对社会现象和社会事实的分析不能局限在分析事务本身，而要放在所处情境中分析；不是锚定单一起因，而是关注现象背后系统化、组织化的推动。与结构分析相对应的是"过程""事件"分析。所谓过程事件分析，是指以时间序列上的关键事件为切入点，通过对事件扩散和迭变的过程追踪，描绘出行动者如何在历史关键性时刻做出回应性选择的机理，就需要将其放入具体的历史片段中。

结构功能主义，其基本的研究取向是从功能的角度来认识、理解、分析结构（结构可以是一个主体、一个制度、一种现象等）。结构功能主义的发展可大致分为三个阶段。第一阶段：早期有机体理论与功能主义，代表人物有孔德、斯宾塞、涂尔干、马林诺夫斯基、拉德克里夫-布朗。他们认为社会就像生物体一样，具有结构（器官与群体）、发挥功能（吸收消化与创造分配）、维持平衡（健康与社会良好运转）。第二阶段：帕森斯时代。帕森斯试图将结构功能主义发展成为一个极其宏观的分析框架，他认为社会系统存在的前提是必须满足一定的功能要求，即适应（A-adaption）、目标达成（G-Goal attainment）、整合（I-Integration）、潜在模式维系（L-Latency pattern maintenance）。这四项功能是每一个系统必须具备的。第三阶段：默顿时代。默顿对帕森斯及其之前的传统的结构功能主义理论进行了批判性发展。需要首先说明的是，默顿的结构功能主义是从社会结构的单元开始分析的。他指出，传统的功能主义有三个具有争议的假设：一是社会功能一体假设，即社会系统的各个部分（单元）在运行中总是协调一致和相互促进的，不会产生不可调节的持久冲突；二是普遍功能主义假设，即认为所有模式化或反复出现的社会或文化事项都有积极的功能；三是必要性假设，即在一种文明类型中，任何习俗、观念或信仰都要有一些重要的功能，都有一定要承担的职责，在整体运行中起着不可或

---

① 张静：《结构分析落伍了吗？——基于经验现象的研究推进》，《社会学评论》，2021 年第 1 期，第 5-17 页。

缺的作用。默顿对假设一的批评主要在于我们不能假定所有社会都是完全整合的，而是要在其中找出整合成都有的事实的经验问题，如宗教在无文字社会和文明社会的作用不同。对假设二的批评主要在于功能有正负之分。对假设三的批评主要在于某些功能对于社会而言不是必不可少的；某些制度、文化形式等对于特定功能的实现也不是必不可少的，因为有功能对等和功能替代的形式。基于此，默顿提出了功能分析既要关注正功能又要关注负功能，既要关注显功能又要关注潜功能，既要关注功能本身又要关注功能的实现机制，既要关注功能的静态配置又要关注功能的动态变迁。当然，其前提是确定结构语境和结构制约性。

因此，结构理论以及结构功能主义对本研究的启发是：第一，以"结构"的视角来分析权力结构及其变迁；第二，分析特定权力结构的正功能、负功能、显功能、潜功能；第三，分析公权力体制的功能需求及其实现机制；第四，可以从负功能的角度理解权力结构的变迁。但结构功能主义又具有其理论本身的局限性，过于注重宏大的结构叙事而忽视了结构中的行动者。① 因此，本书既关注宏大结构层面的叙事，也关注微观行动甚至言语层面的叙事，试图从访谈对象的言语中了解其行动逻辑，从而更加全面地厘清权力及其关系的配置逻辑。

二、分析框架：功能性分权

推进国家治理现代化的过程即为构建科学合理的权力结构与运行机制的过程。显然，西方立法、行政、司法三分的框架无法很好地用于理解并推进中国权力结构与运行机制的完善，因此，我们需要构建理解中国国家治理体系的分析框架。实践中，中国共产党正在积极探索适合中国国情的国家治理体系及其权力架构，即决策、执行、监督三分的功能性分权。功能性分权本身是一种基础性的分工分权形态，根源于公共事务的分工逻辑而非权力的制衡逻辑，是决策、执行、监督的活动分工，经由职能的分定与责任的分置形

---

① 参见［美］J. C. 亚历山大：《新功能主义及其后》，彭牧等译，北京：译林出版社，2003 年版；吴晓林：《结构依然有效：迈向政治社会研究的"结构—过程"分析范式》，《政治学研究》，2017 年第 2 期。

成的基本框架。当功能性分权作为一个分析框架时，决策权、执行权、监督权分别体现出了不同的行为目标和逻辑。[①] 功能性分权作为一个分析框架，重点在于考察决策权、执行权、监督权三者之间的关系。权力之间不同的关系模式会有不同的绩效产出和功能。当然，每种关系模式会有其适应的条件和情境。当决策权、执行权、监督权形成地位平等且相互制衡的关系时，其权力结构的构建是以约束为导向的，相应地，会损失一定的效率。反之，如果三者形成统合的关系，其权力结构的构建则是以效率为导向的，相应地，三者之间约束关系的缺失会增加权力滥用的风险。[②] 总之，在决策权、执行权、监督权之间构建起不同的权力结构与运行机制就会产生不同的治理功能和治理能力。本书借助功能性分权的分析框架，重点考察了监督权与决策权、执行权之间的关系及其变化，以此窥探权力监督与国家治理的关系逻辑。从理论上来讲，只有理解了权力监督与国家治理的深刻关系，才能够很好地理解基层治理与基层监督的逻辑。

第三节　权力监督内嵌于国家治理

古今中外，对权力的认识一直都存在不同的意见，在此基础上形成了不同的权力观。米歇尔·福柯曾指出：我们不能仅从消极方面描述权力，还要认识到权力的创造性与生产性，即既要认识到权力的消极属性，防止权力任性；又要开发权力的积极属性，促进权力生产。[③] 因此，在国家治理中，激发权力的积极作为、提升其运行及产出效率有其必要性。对中国国家治理而言，其必要性更强。由于我国实行的是以公有制主体的生产资料所有制，公权力主体掌握着巨大的生产资料和发展资源，公权力主体有责任对这些公有资源

① 陈国权、皇甫鑫等：《功能性分权：中国的探索》，北京：中国社会科学出版社，2021年版，第46-55页。

② 陈国权、皇甫鑫：《广义政府及其功能性分权》，《政治学研究》，2022年第4期，第25-36页。

③ [法]米歇尔·福柯：《规训与惩罚》，北京：生活. 读书. 新知三联书店，1999年版，第218页。

进行经营以使其保值增值，而这就必然形成了公权力主体的效率目标。在中国政治与行政体制改革中，对效率的追求一直都是重中之重，这是公权力积极作为的重要体现。即使在西方自由主义理论中，也并非对权力采取单一的否定态度，也仅是以"必要的恶"来形容。然而，不受约束的权力容易任性，从而导致乱作为甚至严重的腐败现象。正如阿克顿勋爵所言：权力导致腐败，绝对的权力导致绝对的腐败。因此，在追求权力主体效率目标的同时，还必须要对权力进行约束，将权力关进制度的笼子，防止权力任性。实际上，国家治理是一门平衡的艺术，关键在于对国家治理多重目标间的平衡与妥协。权力是政治抑或国家治理的核心，国家治理的平衡的关键自然就在于权力的配置与调适。

奥尔森在《权力与繁荣》一书中提出政府在市场发展过程中起着至关重要的作用。① 对私人契约与个人财产权利的可靠保护，取决于政府要足够强大以保证这些权利的实施，同时政府又要受到足够的限制以避免这些权利受到侵蚀。因此，政府需要在二者之间寻求平衡。与奥尔森得出的结论相似，国家治理中对于公权力的效率目标与约束目标在某种程度上也存在冲突，过强的权力约束会压缩权力可为的空间、增加权力运行的成本，从而降低权力运行效率和结果效率；但一味地激发权力运行效率和结果效率，无视权力的约束问题，则会造成严重的权力运行失误甚至腐败问题。实践中，改革开放之后中国出现了"双高现象"，即高经济增长与高廉政风险并存。② 从本质上来讲，"双高现象"的出现意味着国家治理效率与约束的失衡。基于此，党的十八大之后，展开了前所未有的反腐败斗争和党风廉政建设，取得了反腐败斗争的压倒性胜利，在权力约束和防止权力滥用专断方面取得了相当大的进展。实际上，党的十八大之后国家治理逻辑的调适变化就逐步呈现，在国家治理逻辑调适变化的过程中国家治理的双重目标(提升权力运行效率和防止权力滥用专断)重新得到平衡。在这其中，如何配置监督权就成为一个影响国家治理的

① 参见［美］曼瑟·奥尔森：《权力与繁荣》，苏长和、嵇飞译，上海：上海人民出版社，2005 年版。

② 陈国权、孙韶阳：《高经济增长与高廉政风险：失衡发展的机理分析》，《经济社会体制比较》，2019 年第 3 期，第 106—117 页。

关键因素，不同的监督权配置形态实际上会形塑不同的国家治理中的平衡机制和平衡状态。从这个角度来看，权力监督与国家治理之间的关系就显而易见了。一方面，权力监督是国家治理体系的重要内容，权力监督体系不是自成一体、完全独立的，而是属于国家治理体系的有机组成部分，它的功能发挥应当致力于维护国家治理体系的机体健康，并服务于国家治理目标①，对权力监督的考量应置于与政治生态二元耦合的关系中去②；另一方面，权力监督深受国家治理的影响。然而，现有研究多将二者分开来谈。事实上，权力监督与国家治理之间存在着千丝万缕的联系，脱离国家治理谈权力监督没有意义，无法准确把握二者的实质，甚至还会给实践带来误导。

当代中国的权力监督是内嵌于国家治理的，监督制度绩效深受国家治理逻辑变化的影响。基于此，对中国权力结构特别是对监督权配置的理解要置于国家治理的逻辑及其调整之中。在此思路下，本书试图从国家治理逻辑调整对决策权、执行权、监督权的功能性分权结构形态产生的影响来解释监督制度绩效的变化。基于中国改革开放以来的政治实践，本书抽象出了统合型功能性分权与专责型功能性分权两种基本的形态进行分析。统合型功能性分权与专责型功能性分权最核心的差异在于监督权与决策权、执行权关系的不同，下文会做详细论述。③

第四节　经济逻辑主导与统合型权力配置

所谓统合型功能性分权，主要是指决策权、执行权、监督权三权之间呈现出统合状态，权力之间相互交融甚至让位取代。在统合型功能性分权形态

---

① 张桂林：《党和国家监督体系原理探析》，《政治学研究》，2020 年第 4 期，第 2-14 页。

② 陈朋：《权力监督制约的政治生态规律》，《行政论坛》，2018 年第 3 期，第 49-55 页。

③ 需要特别说明的是，统合型功能性分权与专责型功能性分权不是绝对的分离对立关系，而是辩证统一关系，在一定程度上专责型也是统合型，只不过是统合的层次不同。在实践中，党的十八大之后的专责型功能性分权呈现出省以下的强专责，在中央层面则仍是统合型甚至加强。当然，本书所抽象出来的这两种形态不是中国国家治理实践中的全部形态，换言之，本书仅是从研究的角度选取了最具有典型性的两种形态；此外，本书所抽象出的两种形态是基于实践的抽象，但又不完全等同于实践，是一种基于实践的理论描摹。

下，决策权、执行权、监督权之间总体上是统合的状态，监督权无法对决策权、执行权产生较强的约束效果。从实践来看，统合型功能性分权形态主要存在于党的十八大之前，当然，目前的部分地区仍然在一定程度上保持着此种形态。需要特别说明的是，本书是围绕地方公共治理层面展开讨论的，而非中央层面和管理层面。

一、统合型功能性分权的结构

从横向权力主体的角度来看，我国决策权与监督权的关系在一定程度上就是党委与纪委的关系。改革开放以来，纪检工作领导体制随着实践的需要不断地调整、改革、完善，事实上经历了由同级党委领导，到同级党委和上级纪委双重领导实际以同级党委领导为主，再到同级党委和上级纪委双重领导实际以上级领导为主的变化。本节所描述的统合型功能性分权形态主要存在于第一、第二阶段。

从实践来看，党的十八大之前纪检监察机关实际上实行的是双重领导以同级党委领导为主的领导体制，这使得纪检监察部门行使监督权的独立性不强，监督权的行使要受到决策权的干预。更进一步讲，纪律检查这只掌握着诸多官员的政治命脉的"大手"经常无力：对同级党委，尤其是"一把手"监督不力；对派驻单位，纪检组无力与党组"掰手腕"。正如中央纪委副书记、国家监委副主任肖培所言："在实际工作中，各级纪委依然处于以同级党委领导为主的状况，在查办腐败案件时受到的牵制较多。"[①]2007年6月，时任中央纪委原副书记的刘锡荣在重庆作党风廉政建设形势报告时总结说："上级监督下级太远，同级监督同级太软，下级监督上级太难。"因而，实践中纪委双重领导受同级党委领导为主的事实就形成了，主要体现在人事任免权以同级党委为主，案件查办权受同级党委的干预较多。

在人事任免方面，党的十八大之前上级纪委、同级党委和组织部门均有权提名下级纪委书记人选。但实践中同级党委基本实际上掌握了纪委书记人

---

① 肖培：《推进党的纪律检查体制和国家监察体制改革》，《中国纪检监察》，2018年第6期，第15-17页。

选的决定权。在访谈中，有一句很形象的话：

> 吃人家饭、端人家碗，就要受人家管、跟人家转，何必挑人家
> 的刺、揭人家的短。（访谈编号：20200321003HXS）

在案件查办方面，党的十八大之前纪委查办案件需先报同级党委，同级党委同意后再报上级纪委，进而才能进一步核查，但很多时候纪委查办案件会卡在同级党委这里。换言之，如果同级党委对纪委发现的案件和查办的态度不表态，甚至压而不办，那么案件的查处只能搁置。在这种情况下，纪检人员是"站得住的顶不住，顶得住的站不住"。这暴露出在统合型功能性分权形态下监督权最大的缺陷在于缺乏相对独立性。

> 十八大之前，纪检干部的人事关系、工资待遇、职务升迁，都掌握在同级党委手里，纪检干部怎么敢放心大胆地监督？当纪委与党委意见不一致时，纪委只能让步；而且，纪委对同级党委的监督，有事时不能监督，出事后又不能独立审查，缺乏自主权、决断权和强制性，很难对监督对象形成威慑和制约。（访谈编号：20200321006HXS）

二、统合型功能性分权的功能

1. 统合型功能性分权的正功能

客观来讲，统合型功能性分权具有统筹的优点，可以应对复杂的发展环境，高效做出决策。统合型功能性分权的正功能是通过统筹协调和过程控制提升公权力的运行效率，具体体现为经济的快速增长。换言之，改革开放以来经济的快速增长与统合型功能性分权的高效运行不无联系。

所谓统筹协调功能，主要是指决策权、执行权、监督权及其关系的配置不以相互制衡为目的，而以集中完成预定目标为目的，集中力量、统筹协作。实际上，我国在社会主义改造完成后，就基本确立了生产资料公有制为主体的经济格局。然而，在改革开放之前的计划经济时代，公权力主体手中掌握的社会生产资料没有得到较为充分的利用，未能产出较高的利用效率。随着改革开放的推进，以经济建设为中心的基本路线得以贯彻，社会主义市场经济体制也在实践中被逐步确立起来，形成了以公有制为主体、多种所有制经

济共同发展的基本经济制度。其中，公有制经济包括国有经济和集体经济以及混合所有制经济中的国有成分和集体成分。在此情境下，公有资产在社会总资产中长期占主导地位，以公有制为主体的资产配置形态是社会主义制度的重要基础。

生产资料以公有为主的经济形态为公权力的经营行为提供了基础、目标和能力，来自外部与内部的压力和动力促成了从中央到地方各层级的积极权力观与效率保障观。实际上，公权力资产经营行为的本质是公共产品的生产①。我国仍处于并将长期处于社会主义初级阶段的基本国情决定了公共产品生产逻辑的核心地位，而生产逻辑的主导在一定程度上就会形塑权力的统筹配置。

此外，统筹协调的功能还体现在过程控制，即可以灵活调配决策、执行、监督等环节的权力运行。例如，一旦某项事项被确定为中心任务，决策、执行、监督的关系会发生变化，通常会呈现出决策程序删减，执行中协商推进的局面。② 与此同时，监督则呈现出为执行护航的格局。这种权力关系，一方面可以保证政策的快速推进，另一方面可以通过监督对阻碍政策推进的内外部力量进行清除。

> 决策机关、执行机关、纪检监察机关统合起来的能量是很大的，全部以完成中心任务为目标，所有对经济增长有益的事情都是中心，整个公权力体系都围绕此来运转，权力的高效运行在客观上促进了经济增长。（访谈编号：20200322001HCY）

2. 统合型功能性分权的负功能

显然，统合型功能性分权形态的核心在于"统"，"分"通常从属于"统"，统合型功能性分权的负功能更多是"分"的不够带来的。统合型功能性分权的负功能主要体现在两个方面：一是监督不力导致腐败高发，二是制度秩序的不稳定和不确定。

---

① 公共品具有狭义与广义之分，狭义的公共品必须兼具非排他性和非竞争性，而广义公共品则只需具有非竞争性。本书的公共品采用广义概念，既包括物化的各种城市基础设施等，也包括各种非物化的公共服务，如教育、医疗、文化、安全和社会秩序等。

② 薛澜、赵静：《转型期公共政策过程的适应性改革及局限》，《中国社会科学》，2017年第9期，第45-67页。

从前述对统合型功能性分权结构的描述可以看出：统合型功能性分权形态下监督权在权力关系中更多是从属性和工具性的，监督权独立性发挥不足，无法做到对决策权和执行权的有力监督，因此产生了较为严重的腐败现象。党的十八大之后展开的反腐斗争实际上大多数是在清理之前已堕入深渊的腐败官员，这从中央纪委公布的腐败落马官员审查调查结果便可看出。在国内研究中，无论是数据统计还是腐败感知的测量，都证实改革开放后到党的十八大之前这一阶段存在着腐败高发的现象。

除了监督不力导致腐败高发现象之外，统合型功能性分权的负功能还体现在制度秩序的不稳定和不确定。作为政治秩序，制度秩序应该具备稳定性和确定性的特征，因为稳定性和确定性可以带来目标的可预期性。而在统合型功能性分权形态之下，权力秩序是不稳定的，依法设定的监督主体的职权得不到行使；同时，为了中心任务的完成，所可能变换调整的权力结构也具有较高的不确定性，而这种不确定性和不稳定性对市场和社会的预期会产生很大影响。例如，在对企业主进行调研的过程中就有人说：

> 我们发现了政府领导和工作人员的一些违纪行为，但不敢去纪委反映情况，因为我们不清楚反映上去之后会带来什么样的后果，有可能纪委处理不了，再带给我们一些麻烦就不好了。（访谈编号：20201204012XKQ）

三、统合型功能性分权与国家治理效率逻辑的适配

统合型功能性分权以特定的决策—执行—监督关系为经济的快速增长提供了基础，同时也产生了较为严重的腐败现象和制度秩序的不稳定、不确定。那么，随之而来的问题是：为何会形成统合型功能性分权的形态？这种形态又是如何产生这些功能的？即统合型功能性分权运行的基本逻辑和机制是什么？研究认为，统合型功能性分权的形成与经济增长的生产性要求成为国家治理的中心目标的历史背景和要求相适配。1978年十一届三中全会彻底否定了"两个凡是"的方针，做出了以经济建设为中心的重大决策，中央的重大决策传导到地方就会形成地方较大的经济增长压力，对地方权力行为及其背后的权力结构也会提出相应的要求，主要体现为决策围绕经济、执行对准经济、

监督护航经济。从监督的角度来说，形成了监督服务于决策执行甚至让位于决策执行的格局。

这样做在客观上短期内保证了经济增长，即符合经济逻辑占主导的效率要求。但长此以往，会通过腐败问题反噬经济增长。除此之外，还会助长政治生态的不正之风，从而产生腐败的裂变式扩散等严重情形。

第五节　政治逻辑主导与专责型权力配置

所谓专责型功能性分权，是指公权力体系中存在决策权、执行权、监督权的主体划分，且三者间各自聚焦在专责主业上，形成相互分工的权力格局。统合型功能性分权形态的核心的是"统合"，而专责型功能性分权形态的核心是"专责"，尤其是监督权的专责。

一、专责型功能性分权的结构

党的十八大以来，纪检监察体制改革的持续深入推进极大地增强了监督权的独立性、有效性和权威性，地方层面的监督专责化趋势逐步显现和强化。

1. 人事任免维度的考察

纪检监察机关主要干部的人事任免权是决定监督与决策执行关系的关键。中共十八届三中全会审议通过的《中共中央关于全面深化改革若干重大问题的决定》(下文简称《决定》)明确规定：各级纪委书记、副书记的提名和考察以上级纪委会同组织部门为主。2015年3月26日，中共中央办公厅印发了《省(自治区、直辖市)纪委书记、副书记提名考察办法(试行)》《中央纪委派驻纪检组组长、副组长提名考察办法(试行)》《中管企业纪委书记、副书记提名考察办法(试行)》。这些政策文件对纪检监察机关的人员编制、干部来源都做了细致的规定，直接打破了原来纪委书记事实上受同级党委书记提名的现实，为纪检监察机关与上级之间的沟通联系提供了便利，更加有利于纪检监察机关行使其专责监督职权，减少受同级党委的过度干预。

在人员编制方面，更加强调通过体制机制的完善促进纪委书记、纪委副书记敢于监督、善于监督，保证监督责任良好履行。中共十八届三中全会结束后的第二天，时任中央纪委书记的王岐山就组织开会部署向中宣部、中组部、统战部和中共中央对外联络部派驻纪检组。需要注意的是，纪检组的工作人员在编制上属于中央纪委，而不隶属于被派驻部门。① 此前，派驻纪检组的编制更多属于被派驻部门，人员编制方面的改革举措大大加强了派驻纪检组的监督独立性，便于开展对被派驻部门的监督，降低受非监督工作影响的程度。湖北省还专门制定了《关于纪委书记(纪检组长)排序及分工意见》，明确规定纪委书记(纪检组长)在党委(党组)中的排位，不论资历先后，都排在副书记之后、其他常委(党组成员)之前②，这更加突出了监督工作的地位和重要性。

在干部来源方面，要求拓宽干部来源渠道，实行监督系统内和监督系统外混合，纪委书记人选要交流任职。截至 2019 年 10 月 26 日，中央纪委国家监委会同中央组织部等有关方面，提名考察新任省区市纪委书记、副书记(监委主任副主任)，派驻纪检监察组(含原派驻纪检组)组长，中管企业纪检监察机构负责人以及党委书记和校长列入中央管理的高校纪委书记 326 人次，其中从纪检监察系统内提名 190 人次，从系统外提名 136 人次。此外，交流任职、跨省任职或者中央调任的在党的十八大之后的省一级达到了百分之百，这些举措通过在制度层面切断与本地官员的政治关联，从而增强了监督的独立性。

2. **案件查办维度的考察**

案件查办是纪检监察机关最为重要的职能。然而，在统合型功能性分权形态下，纪检监察机关的案件查办权常被决策机关或执行机关所打断，形成监督服务于决策执行、监督让位于决策执行的局面。中共十八届三中全会《决定》明确提出查办腐败案件以上级纪委领导为主，线索处置和案件查办在向同

---

① 《中央纪委常委会召开会议 王岐山主持》，新华网，http：// www. xinhuanet. com // politics/ 2013-11/13/c_ 118130628. htm，2013 年 11 月 13 日。

② 《湖北省明确纪委书记在党委中排名副书记之后》，中央纪委国家监委网站，https：// www. ccdi. gov. cn/yaowenn/201406/t20140604_ 132108. html，2014 年 6 月 5 日。

级党委报告的同时必须向上级纪委报告。① 在此之后，纪检监察体制改革的主要方向之一就是赋予纪检监察机关独立性，在案件查办方面纪检监察机关更多地受上级纪检监察机关的领导，减少同级党委对案件查办的干预。在访谈中，一位纪检监察干部曾这样说：

> 改革后，发现干部问题不用等着同级党委的命令了，可以在报上级纪委批准后，直接采取措施，同级党委对于案件查办没有否决权了。另外，同级党委向纪委打招呼停止查办案件的情况也越来越少了。（访谈编号：20210913002DSS）

此外，据访谈，当前同级党委书记和上级纪委书记对于案件查办的意见不同较为常见，在意见不同时纪委通常会更多地接受上级纪委的指导。总之，纪委监督权得到了强化，同级党委很难干涉纪委查案。② 实际上，双重领导业务上以上级垂直领导为主的改革不仅影响纪委本身，还影响同级党委书记的决策：第一，党委书记需要更多地考虑其决策与上级纪委监督的平衡问题；第二，党委书记需要考虑同级党委党风廉政建设的主体责任问题。

> 在以前，党委书记不用考虑上级纪委的意见，直接可以说案子放一放。现在党委书记必须要考虑上级纪委的态度，需要掂量、权衡是否和上级纪委意见相左，因为通常党委书记本人就是上级纪委的监督对象。（访谈编号：20210913003DSS）

二、专责型功能性分权的功能

1. 专责型功能性分权的正功能

从监督权的专责化来看，专责化之后纪检监察的组织机构更加完善、组

---

① 《中国共产党纪律检查机关监督执纪工作规则》《中华人民共和国监察法》对纪检监察机关查办案件进行了明确规定：(1)地方各级纪检监察机关对作出立案审查调查决定、给予党纪政务处分等重要事项，应当向同级党委请示汇报并向上级纪检监察机关报告，形成明确意见后再正式行文请示；(2)纪检监察机关对反映同级党委委员、候补委员，纪委常委、监委委员，以及所辖地区、部门、单位主要负责人的问题线索和线索处置情况，应当及时向上级纪检监察机关报告；(3)设区的市级以下监察机关采取留置措施，应当报上一级监察机关批准。省级监察机关采取留置措施，应当报国家监察委员会备案。

② 贾玥：《纪委监督权被强化：同级党委不能干涉纪委查案》，中国法院网，https：// www. chinacourt. org/article/detail/2013/11/id/1147890. shtml，2013 年 11 月 20 日。

织职责更加聚焦、组织人员配置更加合理，专责型功能性分权的正功能主要体现在权力的规范运行与反腐败斗争的压倒性胜利，并在制度层面得到了巩固。

党的十八大之后，纪检监察机关查处了一大批"老虎""苍蝇"。据官方报道，截至 2022 年 10 月，党的十八大以来全国纪检监察机关共立案 464.8 万余件，其中，立案审查调查中管干部 553 人，处分厅局级干部 2.5 万多人、县处级干部 18.2 万多人，取得了反腐败斗争的压倒性胜利并全面巩固。此外，各级纪委退出议事协调机构、增设纪检监察室、提升监督执纪办案人数占总人数比重等"三转"举措，也显著提升了纪检监察部门的监督执纪效果，避免了原先参与议事协调机构一起共事的"朋友圈""熟人圈""感情圈"影响，为铁面执纪奠定了基础。在地方层面，监督的专责化也同样带来了较高的监督绩效和较大的监督震慑。

2. 专责型功能性分权的负功能

专责型功能性分权的本质是权力的分工及其专业化行使，而权力的专业化运行本身会带来一些负功能：一方面，强调权力间的专业差异性而忽视权力间的融通性和协调性；另一方面，不充分的专责型功能性分权会带来一些负功能。

就第一方面的负功能而言，权力运行实际上应该具有一定程度的整体化，尤其对于决策、执行、监督的功能性分权来说，其整体性要求往往更强，这是因为决策需要被执行，执行需要被监督，决策也需要被监督，其过程具有一定程度的连贯性。但如果各自在其专业化的轨道上独自运行，而不了解其他权力的运行逻辑时，其权力行使的效果必然较低甚至产生负效果。例如，权力之间的依法打架现象，如决策机关作出的决策执行机关不执行抑或纪检监察机关不认可，这些现象在实践中具有一定程度的普遍性。

过度专业化还会带来另一个问题：以监督权为例，监督权的专责化使得监督独立性增强，监督力量加强，但过度监督的问题就会随之而来。过度监督会给决策机关和执行机关带来不能决策、不愿执行的问题，当前出现的很多懒政问题很多就是监督过度的结果。同时，过度监督还会带来文山会海等形式主义的现象，以形式落实政策。① 因为行使决策权和执行权可能产生问题，一些权力主体索性就采取懒政的态度以降低因做错事而被监督问责的风险。但这可能并非是专责型功能性分权本身的负功能，很可能是专责型功能性分权落实未彻底而产生的负功能。

因此，就专责性来看，当前纪委的双重领导体制较过去有很大的进步，可以在一定程度上压缩廉政工作为经济发展让路的空间。但需要注意的是，当前的改革实践显然还没有完全实现制度设计的初衷，即没有在完全专责与完全统合之间达到平衡，从而产生了各种负功能。

三、专责型功能性分权与国家治理政治逻辑的适配

党的十八大以来，我国经济发展进入新常态，随着经济结构优化调整的需要和经济发展客观规律的呈现，每年 8% 以上的 GDP 增速已不再现实。与此同时，国家的腐败问题严重，甚至威胁到党的执政和国家治理的稳定性，腐败治理与政治秩序稳定的政治目标越来越受到党和国家的关注。党的十八大以后的政治实践高度重视反腐败工作，并将其提高到政治逻辑的高度。

反腐败是一项政治任务，遵循政治逻辑，成为党的十八大之后一段时间内的中国国家治理的主导逻辑。在政治逻辑成为主导逻辑的要求之下，权力结构的配置也发生了根本性的变化，地方层面统合型功能性分权向专责型功能性分权的转变即是重要的体现。在以权力约束为核心的政治逻辑的要求下，监督权的专责性、独立性、权威性得到很大程度的强化，对决策权和执行权的约束力较之前有了大幅提升，基本上形成了监督独立于决策执行和监督约束决策执行的权力结构形态。

1. 监督独立于决策执行

监督的专责性从纪检监察机关参与议事协调机构的数量和种类便可见一斑。据不完全统计，在党的十八大之前，统合型功能性分权形态下，纪检监察机关参与了大量的议事协调机构，其中，中央纪委参与了 125 个议事协调

---

① 杨帆、王诗宗：《组织多重互动下基层"文山会海"的形成机制——一项多案例研究》，《行政论坛》，2021 年第 2 期，第 75-82 期。

机构，省级纪委平均参与了146.59个议事协调机构，市级纪委平均参与了145.85个议事协调机构。需要注意的是，这些议事协调机构大多数与纪检监察机关的监督职责无关，更多的是促进招商引资、经济发展、环境治理、基层治理等类别。议事协调机构多、各类领导小组多，会造成职责不清、职能发散、主业荒疏。党的十八大之后，纪检监察机关聚焦监督主责，中央纪委率先开始退出议事协调机构，一共退出了111个议事协调机构，仅保留了14个，且全部与监督职责相关。省市县级层面基本上进行了2轮甚至3轮退出议事协调机构的改革。据笔者统计，省级纪检监察机关平均退出议事协调机构的数量达到了130.55个，平均仅保留15.75个，精简率达到了88.62%。在市级层面，平均退出了127.65个，平均保留18.2个，精简率为85.1%。总体而言，纪检监察机关通过大量退出议事协调机构，一定程度上解决了职能错位、越位和不到位的问题，更加聚焦于党风廉政建设和反腐败斗争等监督执纪的主责，强化了监督权的独立性和专责型，为专责型功能性分权形态的形成奠定了基础。除了退出大量与监督主责不太紧密相关的议事协调机构外，纪检监察机关对内部机构设置和人员编制也做了较大的调整，主要体现在增加纪检监察相关的科室、增加监督执纪人员编制（尤其是一线监督执纪人员编制）占总编制的比重。其中，中央纪委纪检监察室从8个增加到12个，执纪监督部门和人员分别占到内设机构和人员编制总数的近70%；31个省级纪委纪检监察室增加61个，调整后达到231个，增幅达到36%。①

　　此外，明确纪委书记的职能，规范其职责分工也是强化监督专责的重要举措。实践中，明确纪委书记的职能主要是指要求纪委书记不再兼任其他与监督主责无关的职务，不参与监督无直接相关的工作，实行纪委书记专职化。例如，安徽省滁州市就规定市纪委书记不再担任效能办主任，滁州各县（市、区）纪委书记一律不再担任效能办主任，市、县、乡三级纪委书记（纪检组长）不得直接参与征地拆迁、招商引资、招标投标、计划生育等与纪检监察无直接关系的工作，并延伸至不得分管财务、工程基建等工作，派驻机构主要负

---

① 《走内涵式发展道路——深化纪检监察体制改革之二》，国家纪检监察网，https：//www.ccdi. gov.cn/yaowenn/201709/t20170923_62033.html，2017年9月23日。

责人不分管驻在单位、部门其他业务工作。

2. 监督对决策执行考核

党的十八大之后，纪检监察机关监督权的独立性日益增强，对决策机关和执行机关产生了一定程度的约束作用，突出体现在监督对决策执行的考核。具体来说，是指纪检监察机关有权对决策机关和执行机关的党风廉政和反腐败状况进行考核，这个考核通常会算入对该单位的年终总考核。

监督考核主要是评价各地各单位党风廉政建设主体责任和监督责任落实情况。其中，党风廉政建设主体责任的考核主要包括党委(党组)主体责任、党委(党组)主要负责人履行第一责任人责任、领导班子其他成员履行"一岗双责"，其考核对象是各地区和各单位党委、党委班子成员等行使决策权的主体。换言之，对党委决策和各执行机关执行中的党风廉政问题进行监督考核。另外，监督责任落实情况的考核主要包括综合管理工作、组织干部工作、宣传教育工作、研究法规工作、党风政风监督工作、信访工作、巡察工作、案管工作、执纪监督工作、执纪审查工作、案审工作、干部监督工作等，其考核对象是各地区纪检监察机关和派驻纪检组。实际上，纪检监察机关对决策机关和执行机关的党风廉政考核不仅是对决策权、执行权运行的考核，也在一定程度上形成了决策机关、执行机关的行为自省。从监督考核的实践来看，可以看出纪检监察机关与决策机关、执行机关的关系与党的十八大之前发生了根本性的变化。

总体而言，当代中国决策权、执行权、监督权的关系并非总是固定不变的，而是会随着国家治理核心任务和目标逻辑的变化而改变。例如，党的十八大之前，国家治理以经济建设为中心，这种情境下行使监督权的纪检监察机关采用双重领导以同级党委领导为主的领导体制，监督权经常被统合使其无法很好地独立行使，即本书所描述和阐释的"统合型功能性分权"，这种功能性分权形态在保持经济快速发展这一正功能的同时产生了较为严重的腐败问题这一负功能。党的十八大之后，国家治理转向全面深化改革和全面从严治党，这种情景下行使监督权的纪检监察机关改为双重领导业务上以垂直领导为主的领导体制，这就大大增强了监督权的独立性，从而形成了监督权对决策权、执行权较强的约束关系，即本书所描述和阐释的"专责型功能性分权",这一功能性分权形态也分别产生了正、负功能,正功能主要是指各类型权力各行其责,尤其是监督权专责性提高,对执行甚至决策进行一定程度的约束考核;负功能则主要体现在权力之间的协调性和融通性下降以及过度监督导致的权力不作为等现象。实际上,统合型功能性分权和专责型功能性分权的适配与国家治理治理逻辑的转换、调试紧密相关,其核心在于效率与约束的权衡。在此权衡过程中,监督与决策执行的关系会发生变化,监督制度绩效也会呈现出波动状态。

实际上,提升权力运行效率和防止权力滥用专断这两个目标间存在着一定程度的冲突,过于注重效率但权力不受约束,则会带来严重的权力滥用问题;反之,过于注重权力约束而不顾效率,则会使发展停滞。对于公权力体制而言,国家治理体系的关键在于寻求提升权力运行效率和防止权力滥用专断的均衡,这也是推进中国国家治理现代化的核心命题。

第四章　基层治理中权力监督的补位逻辑

在基层治理中，时常会发生一些责任缺失的问题，即村干部因主动和被动的原因不履行相应职责。此外，基层群体性事件的形成以及基层"微腐败"发生的根源很多时候源于村干部处事不当，长此以往，会深刻影响基层治理的质量和效果，因此需要基层监督的补位。本章选取村民自治的责任缺失、基层邻避型群体性事件和基层"微腐败"频发的现象来说明基层治理中权力监督的补位逻辑。

第一节　村民自治中的责任缺失

一、问题的提出

坚持基层群众自治制度，保证人民当家作主落实到国家政治生活和社会生活之中；实施乡村振兴战略，加强农村基层基础工作，健全自治、法治、德治相结合的乡村治理体系，构建共建共治共享的基层治理格局是我国新时代基层建设的基本方向。1982年，基层群众自治制度被正式写入宪法，成为我国基层建设的根本指南。回顾40多年的发展，基层群众自治制度建设取得了不错的成绩，在推动经济发展、维护社会稳定、保障村民权益、推进民主政治建设等方面发挥了巨大的制度效能。① 然而，我们仍应当充分认识到基层群众自治制度的运行现状与制度设计的目标还相距甚远，尤其是近年来基层上访数量仍居高不下，这反映了我国基层群众自治效能亟待进一步完善。基于此，本书认为加强和改善基层群众自治建设仍有较强的必要性和重要性，其原因有三。第一，从总体上看，现阶段国家治理资源的供给仍无法满足治理问题众多且复杂的现状。从这个层面来讲，基层群众自治制度是对我国国家治理资源稀缺现状的有益补充。第二，当前基层群众自治在一定程度上扮演着"社会解压阀"的角色，解压出来的民意、民怨正是国家了解基层社会、促进国家—社会关系和谐发展的有效途径。第三，当今中国，各级政府正经历着由管理向治理的角色转换，而基层社会作为主要的治理主体之一，在国家治理体系中发挥着不可忽视的作用。因此，我们需要在充分肯定基层群众自治制度存在价值的前提下，认识其在发展中的不足及其根源，深刻理解基层群众自治的制度逻辑。

当前，我国基层治理呈现出多元主体的发展态势，乡镇(街道)党委和政府、基层自治主体以及第三方组织都发挥着不可或缺的作用。单就基层自治主体而言，就包括村民(代表)大会、村民委员会、村务监督委员会、村民个体等。然而，颇为遗憾的是，基层自治主体又普遍存在着未能良好行使治理权力(权利)的现象，导致自治主体的责任缺失，从而使得基层自治衰弱甚至消退。需要特别说明的是，这里所指的"责任缺失"的"责任"并非仅指法律法规要求村民自治主体承担的责任；也指的是一种契约责任，即村民个体与选举出来的村民委员会和村务监督委员会之间形成的以提升基层治理效果的契约关系。换言之，所谓村民自治的"责任缺失"，是指村民(代表)大会、村委会成员、村务监督委员会成员以及村民个体在民主选举、民主管理、民主决策、民主监督的过程中由于多种原因未能履行法定责任②，选举承诺或未能达

---

① 郎友兴：《走向总体性治理：村政的现状与乡村治理的走向》，《华中师范大学学报(人文社会科学版)》，2015年第3期，第11-19页。

② 村民委员会的法定责任是指《中华人民共和国村民委员会组织法》规定的承担本村生产、服务和协调工作，促进农村生产建设和经济发展等责任；村务监督委员会的法定责任是指《中华人民共和国村民委员会组织法》规定的负责村民民主理财，监督村务公开等制度的落实等责任。

到维持乡村秩序、促进乡村发展①的一种治理现象。

由选举产生的村民自治主体责任缺失现象为什么会频频出现？这一问题是关乎村民自治能否有效实现的关键问题之一。② 现有研究大致从以下两个方面对该问题进行了部分回答。

第一，从村民自治"制度"的角度出发，认为村民自治的责任缺失主要是组织制度、结构和外部环境所致。具体说来，"制度"视角下自治主体责任缺失的解释是从以下四个方面展开的：一是由于基层政权对农村事务的管理权力不断扩张，村民的自治权受到了极大的限制③，行政化的村民自治丧失了自治的本意，压缩了自治主体权力行使的空间，从而导致责任缺失；二是在自然村成为行政村之后，民主自治的规模过大④，从而导致民主自治的实践存在偏差，仅实践民主选举而忽视其他的民主自治形式，从而导致结构性失衡，而这又进一步压缩了责任履行的可行空间；三是物质性资源的日益匮乏，权威性资源的逐步萎缩，权力运作合法性空间的日渐丧失，使村民委员会可调度使用的各种资源在逐渐缺失，村级组织的治权严重不足⑤，换言之，治理资源、治理动力和治理合法性不足导致了治理能力的下降，从而导致责任缺失⑥；四是有关村务公开、民主管理制度⑦，村务监督委员会制度⑧等基层自治的法律法规不健全也是责任缺失的重要原因。总之，是村民自治所处的外

---

① 维护乡村秩序、促进乡村发展是村民委员会、村务监督委员会最为基本的推进基层治理的契约责任，这一点在村规民约中皆有体现。

② 徐勇：《农民理性的扩张："中国奇迹"的创造主体分析——对既有理论的挑战及新的分析进路的提出》，《中国社会科学》，2010 年第 1 期，第 103-118 页。

③ 房正宏：《村民自治的困境与现实路径》，《华中师范大学学报（人文社会科学版）》，2011 年第 5 期，第 23-28 页。

④ 朱敏杰、胡平江：《两级自治：村民自治的有效实现形式——兼论农村基层民主实现的合理规模》，《社会主义研究》，2014 年第 5 期，第 102-107 页。

⑤ 赵晓峰、刘威：《村民自治实践中的"权力+资源"困境及其超越》，《中共福建省委党校学报》，2013 年第 8 期，第 26-31 页。

⑥ 李永萍、慈勤英：《村民小组：乡村治理的最小单元》，《武汉大学学报（人文社会科学版）》，2017 年第 5 期，第 72-78 页。

⑦ 王维国、周小平：《北京市基层群众自治的现状及问题》，《北京行政学院学报》，2010 年第 3 期，第 73-77 页。

⑧ 卢福营：《基层群众自治视野下的村级权力调控制度创新——浙江省武义县后陈村村务监督委员会制度调查》，《杭州师范大学学报（社会科学版）》，2014 年第 6 期，第 93-98 页。

部框架及其在实践中的结构性失衡难以应对急速变迁的乡村治理生态造成的。[1]

第二，从村民自治"过程"的角度出发，认为村民自治的责任缺失主要是由于运行过程中多种权力之间产生冲突，使得自治权力不能够有效运行，从而导致责任缺失的发生。具体来说，"过程"视角下自治主体责任缺失是从以下三大方面展开：一是村民自治中存在的领导权、行政权、自治权、经济权、参与权等权力常处于竞争的状态，无法很好地发挥各自的效能，从而陷入基层自治的困境。[2] 二是组织封闭、经社不分的自治体制与当前快速工业化、城镇化、市场化、信息化和现代化过程中农村土地、人口和资源大规模流动日益不适应，自治体制尚无能力应对这一过渡性变化。[3] 三是当前农村通过民主选举出来的村委会成员具有双重代理身份，既代表农民，又在一定程度上代表上级政府，这一双重角色在民主自治的过程中会大有干扰。[4] 总之，乡村自治效果的好坏受到三重因素的影响：一是国家涉农政策、制度制定本身的优劣问题；二是政策、制度的实施过程是否到位问题；三是乡村社会基础对制度、政策的回应问题。[5]

总的来看，上述研究为我们理解村民自治中的责任缺失问题提供了很好的思路，在一定程度上揭示了责任缺失的关键原因，为进一步研究提供了良好的理论基础和启发。然而，"制度"与"过程"视角的研究都各有其局限性，这是由于村民自治本是一个从制度结构到行为过程的统一体，单纯从一个侧面来考察可能会无法看到村民自治的全貌，从而产生认识和理解上的偏差。基于此，本书从村民自治中自治主体的权力出发，试图形成"情境—过程"的

---

① 刘伟：《村民自治的运行难题与重构路径——基于一项全国性访谈的初步探讨》，《江汉论坛》，2015 年第 2 期，第 64-69 页。

② 肖滨、方木欢：《寻求村民自治中的"三元统一"——基于广东省村民自治新形式的分析》，《政治学研究》，2016 年第 3 期，第 77-90 页。

③ 袁方成：《民主治理如何可能——从村民自治到社区自治的考察》，《武汉大学学报(哲学社会科学版)》，2016 年第 4 期，第 24-31 页。

④ 周庆智：《关于"村官腐败"的制度分析——一个社会自治问题》，《武汉大学学报(哲学社会科学版)》，2015 年第 3 期，第 20-30 页。

⑤ 贺雪峰、吴理财：《分化的农村，复杂的治理》，《云南行政学院学报》，2016 年第 4 期，第 4 页。

分析框架，构建不完全权力的理论模型，以便从权责的视角系统探讨村民自治中的责任缺失问题。

第二节　不完全权力：分析概念与理论框架

　　有多大的权力就要承担多大的责任，反过来，承担多大的责任就应匹配多大的权力，权责对等是权力行使、责任履行的基本原则。责任的履行与权力的行使是公共事务治理的一体两面，权力得不到行使，权力主体公共事务治理的职能便无法很好地发挥，其责任则必然得不到很好的履行，从而容易陷入责任缺失的境地。因此，本书认为权力主体的权力得不到完全行使，即不完全权力是责任缺失现象很重要的原因之一。所谓不完全权力（incomplete power），是指在特定的权力体系中各权力（权利）主体由于主观或被动原因未能正确、合理地行使本应该行使的完整的、全部的权力。[①] 具体到村民自治中，不完全权力是指村民（代表）大会、村委会成员、村务监督委员会成员和村民个体在民主选举、民主决策、民主管理、民主监督的自治实践中因主观原因或被动原因没有科学、合理、有效地完全行使应有的权力。在村民自治实践中，自治主体的责任缺失就与其权力的不完全有很大的关系，本书认为不完全权力正是导致自治主体责任缺失的重要原因之一，换言之，村民自治主体的不完全权力是理解其责任缺失的重要途径之一。需要特别说明的是，本书构建的不完全权力理论模型仅限于解释经济不发达、资源匮乏地区村民自治中的责任缺失现象，对于经济发达、资源丰富地区则可能解释力不强。那么，不完全权力的外在表现与形成逻辑又是如何呢？

　　本书认为，不完全权力表现在"情境"和"过程"两个方面，共同组成"情

---

　　① 事实上，在现实生活中，并不存在完全权力，这是由于权力运行的环境（即人类社会）是一个极为复杂的有机体。由于我们对人类社会的认识还远远不足，所以我们所设计的包括权力体系在内的所有制度都会由于客观环境的限制而无法完全地实现。在权力运行中，这就体现为权力无法完全行使，我们将此认为是客观的、由于人类认识的局限性而无法改变的"不完全"。除此之外，还有一种权力的不完全行使是由于主观因素导致的，且这种不完全是可以通过制度设计减少的，本书所指的不完全权力即是这种，而不讨论纯客观因素导致的不完全权力。

境—过程"的分析框架。所谓"情境",是指村民自治结构的集权性质;所谓"过程",是指自治主体的权力在运行过程中由于主观原因或被动原因使得权力未能完全行使,即"主动不完全"和"被动不完全"。需要说明的是,主动不完全和被动不完全分别可以单独导致责任缺失现象的出现,但在实践中,由于基层事务的复杂性,责任缺失通常是主动不完全和被动不完全相互促进、增强的结果,如图4-1所示。

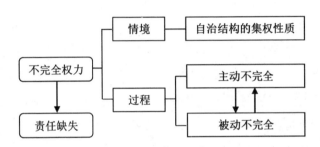

图4-1　责任缺失现象在不完全权力理论模型中的解释框架

资料来源:作者自制。

第三节　"情境—过程"视角下
不完全权力的生成逻辑

如前文所述,不完全权力表现在"情境"和"过程"两个方面。在"情境"部分,不完全权力根源于自治结构的集权性质。目前,村民自治的主体主要包括村民(代表)大会、村民委员会、村务监督委员会以及村民个体四部分。村民(代表)大会是村务重大事项的决策机构,村民委员会是日常管理执行机构,村务监督委员会是村务运行的监督机构,村民个体是村民自治的核心,是一切村务得以运行的根本。由此可见,制度设计层面的村民自治是有一套事务分工、权力分立、职能分置的内在运行机制的。然而,实践中的村民自治却与原初的制度设计存在较大偏离,其直观体现就是自治结构的集权性质,打破了事务分工、权力分立、职能分置的自治原则,由此各权力主体的不完全权力也就成了必然。总的说来，村民自治结构的"集权"主要体现在两个方面。一是权力向村民委员会集中，称为Ⅰ类集权。在横向上，由于村民（代表）会议的召开频次有限，村务监督委员会也由于尚未设置、成员兼任或者能力弱小常常无法发挥监督职能，在此情况下农村公共事务更多地由村民委员会来承担；在纵向上，乡镇党委、政府虽不是村民自治的主体，但常常以"工作领导者"的身份干预村务工作，甚至会出现"领导权力指导化"的现象，给予村民委员会较大的工作压力。那么，横向上其他权力主体的失责加上纵向上乡镇党委、政府过度的工作指导，村民委员会便成了农村公共事务的主要治理者，Ⅰ类集权形成。二是权力向村民委员会主任集中，称为Ⅱ类集权。随着村民委员会公共事务治理的压力增大以及村务自身的复杂性，村民委员会成员会策略性地选择"逃离"，对于容易处理的公共事务，成员会正常处理；但是对于复杂的公共事务，则不愿承担责任，这就导致村民委员会主任成了责任的兜底者，Ⅱ类集权也就随之形成。如果村民委员会主任也无力承担农村公共事务治理的责任，将其交由村党支部书记负责，那么实质上的村民自治便不复存在了，即由自治主体权力的不完全变成了自治权力不存在。

在"过程"部分，不完全权力可以分为"主动不完全"和"被动不完全"，两种"不完全"有着不同的概念内涵和形成逻辑。主动不完全是指权力主体在村民自治实践过程中基于自身的考虑主动放弃部分权力的现象；被动不完全是指权力主体放弃权力的一种不得已而为之的选择。研究发现，"不完全权力"发生在包括民主选举、民主决策、民主管理和民主监督等村民自治实践的全过程中。如表4-1所示，以主体划分，村民（代表）大会基本上只在民主选举时召开，在民主决策、管理与监督中几乎不存在。村民（代表）大会在民主选举中的主动不完全主要体现在对选举出来的村委会成员以及村务监督委员会成员的行为缺乏信心，长此以往就会由不信任的心态转向不参与投票选举的行为；被动不完全则主要体现在前届村委会有可能会采取不召集村民（代表）大会进行民主选举，抑或以选举信息造假的方式谋得连任。与村民（代表）大会不同，村民委员会权力的不完全更多地体现在民主决策和民主管理的过程中，主动不完全主要体现为村委会内部成员间的不配合、能力较低以及村委会成员基于自身利益保护的考虑，从而放弃权力行使，主动退出；被动不完全则体现在民主决策中的前届村委会决策烂尾，阻碍现届的决策执行；除此之外，乡镇党委、政府的过度干预也会给原本任务繁重的村委会更大的压力，从而导致村委会权力发挥得不完全。

当前，村务监督委员会在村民自治实践中通常表现为以下四种存在样态：正常运行、单设但权力弱小、单设但由村委会成员兼任、机构缺失。正常运行是最为理想的状态，不存在权力不完全行使的问题；而后三种存在样态都会导致村务监督委员会权力无法完全行使。在村民个体层面，由于民主决策和民主管理的事项较多且较为复杂，村民无法及时且多次参与其中，因此村民通常将其权力委托给选举出来的村民委员会行使。但村民个体在民主选举和民主监督中仍应发挥重要作用，可实践中权力不完全的现象仍时有发生。在民主选举中，村民的主动不完全主要体现在参选率低，被动不完全则体现在前届村委会私下里选定候选人，形成利益团体，挤压村民选举权；在民主监督中，村民的主动不完全体现为无利益相关主动退出，而利益相关正是村民自治有效实现的经济基础①，被动不完全体现在村务不公开以及监督渠道不畅通，导致监督权力被剥夺等，形成不完全的监督权。

① 邓大才：《村民自治有效实现的条件研究——从村民自治的社会基础视角来考察》，《政治学研究》，2014年第6期，第71-83页。

表 4-1 村民自治过程中不完全权力的阶段性表现

民主选举 / 民主决策

	民主选举				民主决策			
	村民（代表）大会	村民委员会（前届）	村务监督委员会（前届）	村民	村民（代表）会议	村民委员会	村务监督委员会	村民
主动不完全	村民不信任→前届投票率低	不召集村民（代表）会议	依附村委会	参选率低	主动退出	①村委会内部不配合或能力低；②无利可图，主动退出	—	—
被动不完全	①前届村委会不召集；②前届村委会对选举信息造假	乡镇政府、基层党委的干预过多（如候选人遴选等）	被村委会吸纳	前届村委会选定候选人，形成利益团体，挤压村民选举权	村委会不召集	①前届决策烂尾，成为现届的阻碍；②乡镇政府、基层党委，给予较大压力；③任务繁重，压力过大	—	—

民主管理 / 民主监督

	民主管理				民主监督			
	村民（代表）会议	村民委员会	村务监督委员会	村民	村民（代表）会议	村民委员会	村务监督委员会	村民
主动不完全	主动退出	同民主决策	依附村委会	—	主动退出	—	依附村委会	无直接利益相关，主动退出
被动不完全	村委会不召集	缺乏自给自足的财政支持	被村委会吸纳	—	村委会不召集	—	被村委会吸纳	①村务不公开；②监督渠道不畅通

资料来源：作者自制。

第四节　村民自治中责任缺失的案例分析

任何理论都是对现实生活的简化和在一个特定角度上的"猜想"。一个理论必须能够对现实生活的有关现象有着独特的分析。如果一个理论思路所引发的实证意义与其他理论的实证意义没有什么区别，即意味着我们无从验证这个理论是否有独特贡献，那么它也就没有存在的必要了。而且，这个理论推论出的实证意义应该具有可操作性，在研究中是可加以检验的。一个无法证伪的理论是一个同义反复的逻辑循环，没有解释力度。因此，理论的任务是双重的：一方面，它要阐明其解释逻辑以及相应的前提假设；另一方面，它应该提供可操作的实证意义。① 本书选取了 H 省 Q 村作为个案研究的对象，原因有二：其一，该实证案例广泛存在着本书所描述的"责任缺失"的现象，且满足本书所构建的"不完全权力理论"的适用条件，即村庄经济不发达且资源匮乏；其二，该案例尽管不能代表所有的情况，但其折射出的内在逻辑具有一定的典型性和代表性。②

Q 村是 H 省西北部的一个村，全村人口约 2000 人，村里没有经济支柱产业，青壮年多去城里务工。伴随着村中大量劳动力外出务工，为避免村中各家户人口田的闲置，遂多采取私人承包的方式进行土地转让，这也在客观上促进了农业的规模化发展。另外，Q 村临近一条小河，河边有较多的"滩地"可用于耕种，村委会将全部"滩地"采取规模承包的方式承包给本村村民，因此，"滩地"也可以采用规模农业的耕种方式。至此，该村的土地基本上就由村中几个农户进行集中耕作。至于该村的自治结构，以下做简要介绍：A 是该村所在乡镇的副乡长，兼任该村的党支部书记；B 是该村的副书记；C 是该村的民选村主任；D 是该村的村副主任；E 是该村的村务监督委员会主任，兼

---

① 周雪光：《"关系产权"：产权制度的一个社会学解释》，《社会学研究》，2005 年第 2 期，第 1－31 页。

② 本案例不能反映和验证不完全权力理论的所有方面（"情境"部分自治结构的集权性质，"过程"部分的主动不完全和被动不完全），但至少能够一定程度地在民主决策、民主管理的过程中体现和验证不完全权力理论的解释力。

任村委会委员；除此之外，与本案例有关联的还有一名前任村委会主任 H 和承包地村民 R。从理论上讲，村干部之间有着严格的职能分工，但在实践中却并非如此。本案例围绕村中发生的两件事展开，一是承包土地事件 I，二是土地打井事件 II，这两件事具有较强的连续性。

承包土地事件 I： 农户 R 是该村的种粮大户，2014 年以每亩地 350 元的价格承包了该村河边滩地 180 亩，在承包时前任村委会主任 H 承诺每 20 亩地会有一口浇地水井，以完成农业灌溉。但是这只停留在了口头承诺，并没有以规范的合同文本的形式确定下来，但承诺见证人有时任村委会委员、现任村务监督委员会主任 E 和大量民众。

土地打井事件 II： 2015 年开始实施打井项目，上级政府顺利地提供了农业灌溉用水打井项目指标，在农户 R 所承包的 180 亩土地上打井 9 口，每口井深 80 米。但实际上，由于村副主任 D 的干预，每口井只打了 60 米，每口井节省的 20 米打井费用成为村集体资产①。2016 年是该地区的大旱之年，60 米深的井抽不出井水，沦为废井，无法进行农田灌溉，于是农户 R 和村干部针对该事件就展开了沟通。表 4-2 是笔者对村民 R 进行访谈的笔记，记录了村民 R 与村干部的协商过程。

表 4-2　访谈笔记整理

编号	人物	言语
1	村主任 C	"打井项目我不是负责人，负责人是村副主任 D，你去找他吧。"
2	村副主任 D	"村主任是村里的一把手，所有的事情都是由他定夺的，这件事情我解决不了，还是得请村主任来做决定。"
3	村务监督委员会主任 E	"打井项目，我没有参与，你来找我肯定没有用，还是得找村主任，不过我给你支个招，在咱们村是书记 A 说话管用，你直接去找他可能更有效。"

---

① 据当地村民介绍，村委会是以"村集体资产"的名义将打井节省的 20 米费用留下的。

续表

编号	人物	言语
4	书记 A	"这件事确实是村委会的责任，你放心，一定会给你一个说法，不过因为我主要在乡里边工作，咱们村的主要事务是副书记 B 来负责，你直接去找他吧。"
5	副书记 B	"我这两天身体不舒服，不办公。"
6	书记 A	"土地承包所得是村中的大额财务收入，也正是这些财务收入才供养了我们这些人，况且我们当时也给人承诺了土地灌溉用水供给充足，现在出现了这种情况，必须予以解决，并给予相应的粮食减产补偿。"

之后，又经过村民 R 与多位村干部的商讨，在村党支部书记 A 的签字下，村民 R 才拿到了共计18 000元的粮食减产补偿。

村民自治的理想状态是各权力主体各司其职、各行其是，然而，正如上述案例所描述的那样，推诿扯皮、躲避责任的现象在农村治理中却时常发生，这些现象的出现集中反映了村民自治中责任缺失的严重性。对于严重的责任缺失现象，各主体的推诿扯皮是最直接的原因，但却并非根本原因。笔者认为，造成村民自治中严重责任缺失现象的根本原因是各权力主体未能完全行使各自权力。由上述案例可窥见端倪：第一，村中的权力核心在村党支部书记，由民主选举产生的村民委员会和村务监督委员会都未能履行其职能，体现出权力的不完全行使；第二，前一届村委会工作的遗留问题给现任带来了工作的不便，这是村委会被动不完全权力的表现；第三，从村主任 C 和副主任 D 的言论可以看出，他们是基于自身利益的考虑，主动选择将事件的处理权限推脱给他人，这是典型的主动不完全权力；第四，村务监督委员会主任 E 并没有履行村务监督的责任，这一方面是因为其兼任村委会委员，另一方面是为了减少对其他村委会成员的监督，维护村干部的私人利益，其中体现了主动和被动双重的不完全权力；第五，村党支部副书记 B 以身体不舒服为借口来推卸责任，是一种基于自身理性考虑不愿解决复杂事务的选择，属于主动不完全权力；第六，由案例可知，事件最后得以解决的关键在于村党支部书记，反映出在该村在日常决策和管理中仍是"书记为大"，党委有由"领导"向"指导"转变的趋势。而这也反映了村民自治制度不完善、村民自治组织[村民大会、村民委员会以及村务监督委员会]整体力量弱小、内部成员的配合不当、能力不足的现实，长此以往，由这种不完全权力导致的责任缺失将成为一种必然。另外，毋庸置疑，在整个过程中村民个体权力行使缺乏制度保障和客观条件，村民权力的不完全行使也就成为必然。

毫无疑问，当代中国基层治理正处于一个寻求新的支配形式和新的合法性基础的过程中，正逐步走向法理权威、建立法治国家的目标。[①] 毋庸置疑，包括村民自治在内的基层群众自治是我国逐步走向民主法治国家的重要探索，也是我国政治现代化建设的重要内容。我们应逐步发现其中的掣肘问题，加快基层群众自治发展的步伐。总体而言，包括村民自治在内的基层群众自治是我国地方治理的重要组成部分，是推动国家治理体系和治理能力现代化的重要抓手。就村民自治制度本身而言，其核心和关键问题是村民能否通过自主治理供给和维护自身的公共物品、社会规范以及解决社会冲突等。[②] 然而，当前我国村民自治的现实并不十分乐观，权力失序、权力错位现象时有发生，导致了责任缺失的普遍化趋势。解决基层治理责任缺失问题的关键在于基层监督的补位，以监督保障权力的正常运行，以监督督促责任的切实履行，以监督保障决策与执行。

第五节　基层邻避型群体性事件

随着我国现代化建设的深入推进，社会公众对公共基础设施的新建与升级的要求也愈加强烈，如垃圾处理厂、火力发电厂、污水处理中心、精神病院、火葬场等。这些设施在为区域整体带来正效应的同时，也为设施周围的

---

① 周雪光：《中国国家治理的制度逻辑：一个组织学研究》，北京：生活·读书·新知三联书店，2017 年版，第 439 页。

② 李文钊、张黎黎：《村民自治：集体行动、制度变迁与公共精神的培育——贵州省习水县赶场坡村组自治的个案研究》，《管理世界》，2008 年第 10 期，第 64-74 页。

民众带来了负外部性影响，这种设施被称为"邻避设施（NIMBY facilities）"。"邻避设施"的建设通常会引起设施周围民众的不满，从而发生聚众闹事、静坐请愿、集体上访、阻塞交通、集会示威等群体事件，称为"邻避型群体事件"，给社会秩序和社会治理造成不利影响，这些事件为当前的基层治理带来了很大的压力，亟须基层监督的补位，从而化解邻避型群体性事件处置中的干群矛盾和群众之间的诸多矛盾。

一、基层邻避型群体事件的生成机理

邻避型群体事件是群体事件的一种表现形式。群体事件的发生不是一蹴而就的，表现出一定的阶段性，且是由各阶段的因素累加产生的集合效应所致。结构功能学派斯梅尔塞（Smelser Neil Joseph）的"价值累加理论"（value-added theory）为分析群体事件的发生机理提供了很好的分析框架。斯梅尔塞认为，所有的群体行为都是由以下六个因素相互作用而产生的，即结构性诱因（structural conduciveness）、结构性紧张（structural strain）、一般性信念（generalized beliefs）、集体行动的触发因素（precipitation factors）、参加者的行动动员（mobilization for action）和社会控制能力（operation of social control），这六个因素次第形成，"并且只有在这六个充分且必要的条件同时具备时"[①]，群体行为才会发生。在多个因素引起的社会失序现象中，有利的结构为群体性事件的发生提供了空间条件，结构性紧张则是社会风险的根源，群体内部的紧张气氛会经过相互传染形成内部成员拥护的一般性信念，集体行动的触发因素与结构性紧张相聚集从而放大了集体中的不满情绪，在群体成员的动员下相互感染，再加上以政府为代表的公共组织的社会控制失效，最终导致群体事件的发生。斯梅尔塞的"价值累加理论"中的六个因素具有较为明显的阶段性特征，为了便于理解，本书根据各个阶段的特征，将这六个因素分为了三大阶段，分别是前期蓄势阶段、中期造势阶段和紧急处理阶段。

前期蓄势阶段包括结构性诱因、结构性紧张和一般性信念，这三者都处在群体性事件的萌芽期，对于事件的后续扩大具有重要影响。结构性诱因是

---

① 赵鼎新：《社会与政治运动讲义》，北京：社会科学文献出版社，2006年版，第64页。

群体性事件萌生的基础条件。群体性事件具有集体性的特点，众多的人员参与需要一个较为宽敞的空间作为集体事件的发生地，所以广场、政府大楼前极易发生群体性事件。结构性诱因还体现在邻避设施周围民众的共同处境，即共同遭受邻避设施带来的负面影响，使得群体共鸣的产生成为可能，也为群体事件的发生提供了可能。与此同时，结构性紧张的根源在于邻避设施周围民众的不满情绪，民众希望单纯地享受邻避设施带来的便利，可现实是设施周围民众需要承担邻避设施的负面影响，并且是本区域承担负面影响，外部区域享受正面效益，不公平情绪所带来的结构性紧张就此产生。一般性信念是指"人们对某个特定问题产生的症结及其解决途径产生一个共同的认识"①。结构性紧张气氛通过多种途径广泛传播，从而形成一般性信念，为群体性事件的发生蓄势，同时在群体内部达成了只能通过群体性事件才能宣泄这种紧张情绪的共识。

中期造势阶段包括集体行动的触发因素和参加者的行动动员，是群体事件的扩大期。集体行动的触发因素是群体性事件发生的导火索。正是在具备了有利结构性诱因提供的环境和结构性紧张转化为一般性信念的基础上，偶然性集体行动的触发刺激为已经处于不满边缘的民众提供了情绪宣泄的突破口，强化了这种不满的一般性信念，导致群体性事件的爆发。参加者的行动动员，即不满的民众相互影响，使得不满情绪和情绪宣泄方式的选择更加趋同，推进了群体性事件的进一步发展。

紧急处理阶段体现的是社会控制能力，即以政府为代表的各类社会力量采取合理且有效的措施阻止群体性事件发生的能力，这是遏制群体性事件发生的最后一道防线。"社会控制是社会组织运用社会规范对人们社会行为加以约束的过程。政权、法规、纪律、道德、风俗、信仰都是进行社会控制的基本要素。"②在该阶段，前五个因素已经成立，社会控制是群体性事件发生的最后一道防线，社会控制能力的强弱直接决定群体性事件是否发生。需要特别关注的是，紧急处理阶段的社会控制的面向应该着重考虑基层监督机制的构

---

① 赵鼎新：《社会与政治运动讲义》，北京：社会科学文献出版社，2006年版，第65页。

② 韩国明、何春奇、王慈刚：《西方公共安全管理历程及理论对我国的启示》，《河南社会科学》，2009年第3期，第55-57页。

建，这是因为很多群体性事件的发生都隐含着干群矛盾，干群矛盾的激化将会直接导致事件失控。因此，基层监督能力应当成为社会控制能力的重要面向之一。

二、基层邻避型群体事件的治理障碍

前期蓄势阶段是群体性事件发生的基础条件，也是治理的最关键时期。这一阶段的治理障碍主要有四个方面。第一，民众的自利性以及相对剥夺感的增强。亚当·斯密曾说，"毫无疑问，每个人生来首先和主要关心自己，而这样做是恰当和正确的"①，基层邻避型群体事件的发生本质上源于邻避设施附近民众的权益受损，所以理所当然地会采取各种手段来保护自己的合法权益。利益补偿机制的建立为解决邻避问题提供了较好的思路，但是利益补偿机制和补偿数额的多少是决定民众情绪能否得到安抚的关键，若民众对利益补偿不满意，就会导致相对剥夺感的持续增强，从而成为群体性事件发生的重要因素。第二，政府决策的随意性。基层邻避型群体事件的表现形式为民众对政府等公共组织的公开聚集性反对，这种反对在很大程度上是因为民众对邻避设施在自家附近修建的不知情和不同意，反映了政府在决策过程中缺失了政策实施前的听证等民意搜集及告知程序，从而引起了民众的不满情绪，进一步为群体性事件的发生蓄势。第三，民众利益表达机制不畅通。民众对公共政策的质疑是可以通过向公共组织的咨询来解决的，而基层邻避型群体事件的发生通常是因为这种常规的利益表达渠道失效，民众没有更好的维权途径，最终不得已选择这种极端的方式来维护自身权益。第四，基层监督机制不健全。在我国，邻避问题的处理归根结底是政府与社会关系的问题，关键是政府行为的合法性。实践中，基层政府失范的行为频发，违法执法的行为较为常见，这根源于基层监督的缺失，从而导致政府与社会矛盾不可调和，遂形成群体性事件。

中期造势阶段是群体内部怨恨情绪进一步扩大的过程，通过特定群体内

---

① ［英］亚当·斯密：《道德情操论》，蒋自强等译，北京：商务印书馆，1997年版，第101-102页。

部的集体行动触发因素以及参与者的行动动员会使得群体内形成一股强大的力量，即营造出一种只有通过群体事件才能解决问题的氛围，民众这样的表现正是基层邻避型群体事件在该阶段的治理障碍，主要表现为民众的非理性表达和疏导机制不完善。群体事件中的许多成员无利益相关者，他们参与群体性事件的原因更多的是为了释放积压的不满情绪，在于一种社会心理，是一种情感驱动型的、没有维权目标的非理性行为，而这种非理性行为却为群体性事件的治理带来了极大的障碍。同时，疏导机制不完善的问题也较为突出，在群体性事件将要发生的时候，公共组织需要做的就是尽力安抚民众的情绪，疏散聚集的民众，将群体性事件发生的可能性降到最低，而现实中以政府为代表的公共组织没有建立起完善的疏导机制，在群体性事件即将发生的时候手忙脚乱，导致民众的不满情绪无法得到有效遏制。

紧急处理阶段是体现公共组织社会控制能力的阶段，有效的社会控制会使群体性事件就此结束。在该阶段出现的主要治理障碍是社会控制能力弱，表现为社会控制的方式不当和制度效能不足。面对群体性行为形势的进一步扩大，公共组织会习惯性沿用权力至上的思维，认为社会公众力量弱小，从而采取不作为或者通过暴力执法的手段对民众进行打压，这种不妥的行为如果没有监督力量的及时介入，会进一步激化民众心中的不满情绪，并最终导致群体性事件无法控制。另外，制度控制松懈和法律控制缺位也是社会控制能力弱的主要表现，制度控制松懈的典型表现就是基层政府部门对社会舆情和社会矛盾普遍表现出的体制性迟钝。[1] 法律控制缺位的典型表现是民众利益的制度性保障不健全以及政府应对突发群体性事件没有完善的应急策略。

三、基层邻避型群体事件的规避对策

基层邻避型群体事件的规避和处置要依据各阶段的特点和治理障碍因素，采取有针对性和区别性的措施，以防止其演化成危及社会秩序的重大事件。

前期蓄势阶段隶属于基层邻避型群体事件的前端(源头)治理过程，旨在

---

① 刘勇：《利益差异效能累加：群体冲突的触发根源》，《福建论坛》，2011年第1期，第150—155页。

从源头处消减该类事件产生的可能性，力求通过正确引导民众对邻避设施的认识，保障民众对邻避设施修建的知情权和建议权，并畅通民众的利益诉求表达渠道，增强政府的公信力，最终达到风险消减的战略目标，实现全过程、动态性、主动性的群体性事件治理机制。在该阶段，政府可以从以下三个方面着手。第一，政府部门优化利益调处机制。政府部门在进行关乎民众利益的决策时要充分与民众沟通，保证民众的知情权，同时让民众参与到政策的制定过程中来，这样在保障民众利益的同时还可以增加民众对政策的认同感，便于提升政策执行过程中民众的接受度。邻避设施的建设本来就与设施周围民众的生活息息相关，采取隐瞒的方式只会将政府与民众之间的矛盾进一步激化。第二，畅通民众的利益表达诉求渠道，构建基层民主监督渠道。如果没有这种利益诉求和监督渠道，利益受损的民众可能会不得已选择集体行动这种极端的方式来吸引社会的关注，加剧社会矛盾。第三，完善信息公开和共享机制。信息公开是实现政策制定过程中的参与扩大的前提条件，是实现多元主体沟通协商的重要前提，政府部门应当积极公开邻避设施建设的各项文件，方便利益相关群众进行查阅，这样可以保障民众的知情权，并且通过官方文件引导民众对邻避设施形成正确认识；同时，官方信息的公开也可以防止民众通过各种非正规渠道接触到谣言，进而避免群体性事件的发生。

中期造势和紧急处理阶段是规避基层邻避型群体事件的最有效阶段，在这两个阶段政府部门扮演着重要的角色，同时紧急处理阶段的政府行为也是群体事件发生的最后一道防线，政府部门的恰当行为会使群体性事件就此终止，行为不当将直接导致群体性事件的发生，影响社会秩序，造成损失。政府要想在紧急处理阶段采取有效的措施加以控制，需要从以下三个方面来做工作。第一，完善利益补偿机制。利益补偿机制是将外部矛盾内部化的有效机制，是通过给予受影响民众一定的金钱补偿或非金钱补偿来缓解民众对邻避设施的不满，达到心理上的平衡。金钱补偿是指通过科学的利益受损核算程序，给予相应的金钱，而非金钱补偿是指给予相应的诸如公共设施供给、医疗保健服务、房地产保值增值、就业保障、小区环境改善等服务。第二，建立健全预警和应急机制。群体性事件的形成是有一个过程的，如果政府能在这个过程中做好危机预警和危机紧急应对，那么群体性事件的发生概率也会大大降低。预警机制的作用前移了应急管理关口，包括邻避设施政策制定前的社会调研、群体性事件发展中的风险管理、制定应急管理措施、建立应急物资储备制度、强化应急知识的普及、培训和演练等；应急机制主要包括群体事件萌芽期政府的积极引导、扩大期政府的灵活协调以及发生期政府的妥善处理等。第三，规范政府部门的行政行为。群体性事件的发生是民众利益诉求无法得到满足的无奈之举，如果政府在此种状态下仍然采取强力执法的方式，必然会进一步激化政府与民众之间的矛盾，无法以平和沟通的方式解决问题。所以，政府在面对民众的过激行为时，应该冷静地向民众解释政策制定的目的、过程等事项，取得民众的信任，消除误解，力图通过协商的方式解决群体性事件。

总之，群体性事件是公共管理、社会学、政治学乃至整个社会科学界关注的重要议题。显而易见，邻避型群体性事件的发生对社会造成了严重的危害，会降低政府公信、影响社会稳定，甚至威胁公众的生命财产安全。当下，如何规避邻避型群体性事件是我们不得不面对的一项议题。要想从根本上避免邻避型群体性事件的发生，必须理解事件发生的逻辑。结构功能学派的斯梅尔塞提出的"价值累加理论"为我们理解群体性事件发生的逻辑提供了较好的分析框架，这一分析框架对于邻避型群体性事件具有较强的解释意义。研究发现，邻避型群体性事件的发生存在较为明显的阶段性倾向，可据此划分为三大阶段六大过程，即前期蓄势阶段的结构性诱因、结构性紧张和一般性信念，中期造势阶段的集体行动的触发因素和参加者的行动动员，紧急处理阶段的社会控制。这三大阶段的六大因素有着较强的关联性，前者通常是后者的基础，前者与后者产生的价值相累加，造成了邻避型群体性事件的最终发生。从此理论框架出发，发现在各个阶段都面临着一定的治理障碍，前期蓄势阶段的治理障碍主要包括民众的自利性、政府决策的随意性、民众利益表达机制的不畅通以及基层监督机制不健全，中期造势阶段的治理障碍包括民众的非理性以及政府行为失当，紧急处理阶段的治理障碍包括风险预警系统不完善和公共组织控制能力较弱。针对这些治理障碍，本书从政府行为的角度出发提出了相应的规避对策，在前期蓄势阶段需要进一步优化利益调处机制、畅通民众的利益表达诉求和民主监督渠道、完善信息公开制度，在中期造势阶段和紧急处理阶段需要着重完善利益补偿机制、建立健全预警和应急机制，以及规范政府部门的行政行为。

第六节　基层权力运行失范现象

一、基层"微腐败"问题

基层"微腐败"的高隐蔽性、强危害性、长周期性、广涉及面以及庞大的规模，决定了其治理难度和治理的紧迫性。"微腐败"治理更是直接关系到基层群众的改革获得感和生活幸福感。当前，基层"微腐败"治理还面临着诸多问题，亟待通过完善体制机制等措施予以化解。

从基层"微腐败"的规模来看，近年来基层涉纪信访量居高不下，这不但对民众的日常生活造成了负面影响，也严重损害了党和政府的形象和威信。《十九届中央纪律检查委员会向中国共产党第二十次全国代表大会的工作报告》显示，2017—2022 年全国纪检监察机关共查处扶贫领域腐败和作风问题29.9 万个，给予党纪政务处分20.2 万人，查处乡村振兴领域腐败和作风问题4.8 万个，给予党纪政务处分4.6 万人；全国纪检监察机关共查处民生领域腐败和作风问题53.2 万个，给予党纪政务处分48.9 万人。[①] 此外，2012—2017年全国纪检监察机关共处分村党支部书记、村委会主任 27.8 万人[②]，涉及的范围之广、人数之多令人瞠目结舌。

从基层"微腐败"的方式来看，主要涉及贪污挪用、截留私分、优亲厚友、虚报冒领、"雁过拔毛"、强占掠夺等基层的"微腐败"问题。与此同时，在乡村振兴和基层社会治理现代化的背景下，基层民政救助、村庄整治、产业升级等方面都需要进行改革，基层管理支配的资金、资源、资产都快速增加，

[①] 《十九届中央纪律检查委员会向中国共产党第二十次全国代表大会的工作报告》，新华社，2022 年 10 月 27 日电。

[②] 《十八届中央纪律检查委员会向中国共产党第十九次全国代表大会的工作报告》，新华社，2017 年 10 月 29 日电。

基层干部面临的诱惑也逐步增大。如果不加紧更新基层治理结构，基层干部的权力寻租空间将会大大扩张，基层"微腐败"（尤其是民生领域）的危害会愈加严重，例如会影响到国家战略的实施效果，降低群众的幸福指数，甚至引发群体性事件等。基于此，对基层民生领域"微腐败"的整体评估、表现形式、形成原因和治理对策的研究就显得尤为重要和必要。

总的来说，"微腐败"是指发生在基层的掌握微小公权力的人群将本应服务于基层民众的资源用于获得个人利益而产生的腐败行为。在腐败治理中，要"抓大不放小"①，"不放小"就包括了对"微腐败"的治理。就"微腐败"的特征而言，其具有覆盖广、频率高、容忍度高、环节多等特征②。就"微腐败"的表现形式而言，主要涉及村（居）改工程、惠民补贴、集体资金的使用、谎报多领专项补贴、贪污补偿款等③。就"微腐败"的产生方式而言，主要有以权谋私、山头主义、作风腐化④。就"微腐败"的形成原因而言，主要与基层治理体制、基层治理环境、基层干部属性、人事选拔制度、基层干部素质与收入、权力约束机制、激励考核机制等相关⑤。就"微腐败"的治理策略而言，主要应从廉政文化宣传、干部选举制度改革、加大腐败惩治力度、增强民众参与监督、健全程序约束机制等方面提出思路⑥。基层"微腐败"现象的频繁出现，意味着基层监督亟须进行补位，亟须加强基层监督的体制机制建设。

二、基层滥用职权问题

在基层，除了"微腐败"问题频发，还存在着较为严重的村干部滥用职权

---

① 蒋来用：《反腐倡廉"抓大不放小"策略研究》，《廉政文化研究》，2014 年第 4 期，第 40-46 页。

② 李明：《农村基层"微腐败"，全面小康"大祸害"》，《人民论坛》，2017 年第 20 期，第 36-38 页。

③ 喻清华、任学强：《农村基层腐败治理与体制建设》，《中国发展观察》，2009 年第 10 期，第 35-39 页。

④ 冯治、李龙江：《当前农村"村官"腐败问题与对策》，《廉政文化研究》，2012 年第 2 期，第 1-8 页。

⑤ 肖滨、陈伟东：《基层腐败问题的缘起：默契性容忍——基于 A 市镇街"一把手"的 48 个案例研究》，《广东社会科学》，2019 年第 3 期，第 14-22 页。

⑥ 杜治洲：《改善基层政治生态必须治理"微腐败"》，《中国党政干部论坛》，2016 年第 11 期，第 37-38 页。

问题。以笔者长期观察的店口镇为例，自 2017 年到 2021 年初，共有 39 名农村党员受到党纪处分，其中，担任村干部的达到 65%，受处分原因为滥用职权的更是高达 80%①。在《监察法》实施以前，对于政治身份不是党员的村干部，通常以免职处理，"十三五"期间，店口镇因滥用职权被免职的村干部有 7 名②。而对于一些情节较轻、后果较小的滥用职权问题，通常采用"第一种形态"进行处理，这个数据就更庞大了。③ 也就是说，"十三五"期间，店口镇因滥用职权问题受到处理的村干部数量不容小觑。店口镇纪委、监察办也曾做过数据统计，在一届村干部任期内，大概有 20% 的村干部因滥用职权问题受到处理④。而在全面推行村级党政"一肩挑"的 2020 年，村干部滥用职权问题虽因店口镇采取的一系列规范小微权力运行措施更多地变化为苗头性、倾向性问题，但不可否认的是，滥用职权问题依然存在。一般来说，村干部滥用职权的问题可以归纳为两类：一是因认识不足、监管不力导致的滥用职权问题，如失土农民保险办理、宅基地指标分配上的优亲厚友问题；二是由于不了解、不熟悉相关文件政策，不清楚自己权限问题而导致的滥用职权问题，例如将个人账户和村级账户混用的三资管理问题。

基层滥用职权的问题很多时候会通过基层信访举报的方式体现出来。分析检举控告的内容，群众所反映的多是村干部在村级工程建设、宅基地和村民建房、低保和失土农民保险办理中的违规问题。虽然，在这些检举控告件中，调查后确认有问题的概率并不是很大。但是，信访总量高、重复访高可以从侧面看出存在群众对村级小微权力运行有疑问、对村干部行使权力不信任、对现行政策不理解、反映诉求渠道单一等问题。

---

① 受党纪处分数据来源于浙江省诸暨市店口镇纪委、监察办，担任村干部和滥用职权占比由作者统计得出。

② 被免职村干部数据来源于浙江省诸暨市店口镇党建办。

③ "第一种形态"处理数据来源于浙江省诸暨市店口镇纪委、监察办。

④ 数据来源于浙江省诸暨市店口镇纪委、监察办。

第五章　基层监督的五重困境

　　强化对公权力运行的制约和监督，一体推进不敢腐、不能腐、不想腐，营造风清气正的良好政治生态是优化完善新时代党和国家监督体系的基本目标。对于基层而言，明晰权力边界、规范运行流程、形成权力约束就尤为重要，这是因为"微腐败"带给群众的感受最为直接和真切，对政治生态和基层公信力的破坏程度十分严重。因此，加强对基层公权力的监督应当成为基层治理现代化的重点。然而，当前基层公权力监督面临着多重现实困境，主要体现在基层权力结构、监督责任履行、监督力量保障、监督信息供给、基层治理生态等多个方面。

第一节　基层监督的结构困境

　　当前，"一肩挑"体制是基层治理的基本要求，"一肩挑"指村级党组织书记和村委会主任由一人担任。一方面，"一肩挑"有利于巩固党的执政根基，提升党组织的领导权威；有利于增强村干部凝聚力，确保农村发展战略的落实；有利于提高办事效率，降低村级党组织运行成本。另一方面，"一肩挑"打破了原来多主体之间的权力制约监督关系，尤其是打破了原有村级党组织书记和村主任相互制约监督的二元权力结构，使权力集中于"一肩挑"干部一人身上。权力的集中化运行会增加村级治理中"一言堂"出现的可能，增加小微权力滥用的风险，也加大了小微权力监督的难度。

　　在"一肩挑"体制下，村级自治权力和村级党组织权力更多地集中在"一肩挑"干部身上，村副书记和副主任的权力地位都出现弱化，无法形成实质性权力约束，很难实施有效监督。同时，"一肩挑"干部需要对村居所有工作负责，村两委干部也存在交叉任职的情况，这对能力素质尚待提升的村干部来说也是一个挑战。从实地了解情况来看，很多村干部对于自己的工作内容和职责并没有那么清楚。权责明确是权力监督的重要基础，交叉任职和一人双挑的情况导致很多干部对自己的权力和职责认识不清，让本就不够清晰、具体的村级小微权力变得更加混乱模糊，监督也更加困难。

　　监督体系不完善导致长期以来村级小微权力监督存在上级监督不到位、同级监督流于形式、群众监督缺位的问题。而"一肩挑"体制下，由于原有的村两委内部约束不复存在，新的针对"一肩挑"干部这个特殊群体的监督制度还尚不完善，进一步增加了权力滥用的风险。具体来说，第一，上级监督更加弱化，因为"一肩挑"干部的权力主要来自上级授予，授予更大的权力与加强监督二者存在冲突。第二，机制性监督进一步弱化。村民(代表)大会基本上只在民主选举时召开，在民主决策、管理与监督中几乎不存在。而且在村干部和村民看来，村民代表最多能代表自己的利益，如果涉及到自身利益，他们可能比较关注，至于其他的，他们既不了解也不关心，也就无法通过参与决策来监督村干部，从而表达民意了。因此，目前的村民代表制度虽然在体制上是完备的，但无法发挥实质性的代表作用。村务监督委员会的作用发挥必然会越来越小，因为面对更加集中的权力，村务监督委员会出于自身利益考虑或者因为监督需要面对巨大压力，会策略性地选择"逃离"，不愿"招惹麻烦""不想得罪人""多一事不如少一事"，习惯性地对尚未触及底线的人或事选择忍耐或视而不见，而不是开展有风险的监督行为。第三，群众监督和舆论监督也有所弱化。当"一肩挑"使权力分配更加集中时，"一肩挑"干部成了村里的"一把手"，村民因为忌惮这种权势地位，更加不愿意表达真实的想法，民意表达渠道不畅通，民众权力监督意愿也随之降低，民主监督也就难以实现。可以看出，虽然村里面各种监督力量很多，有群众监督、舆论监督、村务监督委员会的监督等，但是在面对更加集中的权力时，监督会进一步虚化，从而容易形成"一肩挑"体制下的"一言堂"形式。

总之,在基层权力结构方面,形成了"一肩挑"体制下权力监督的问题。一方面,"一肩挑"有利于强化党的执政根基,提升党组织的领导权威;强化责任意识,确保农村发展战略的实现;减少村务开支,提高干部待遇;提高办事效率,降低村级组织运行成本。另一方面,"一肩挑"在一定程度上打破了原来多主体间的权力制约与监督关系,形成了基层权力运行的集中化趋势。权力的集中化运行会增大基层治理中"一言堂"出现的可能,提升小微权力滥用专断的风险,扰乱基层运行秩序。

第二节　基层监督的责任困境

监督责任的落实在基层监督实践中是最为重要的,监督不能够只停留在文本上而是要落到实处,但是当前监督效能递减情况越到基层越明显,因为越往基层,工作任务就越综合,涉及经济发展、社会治理、维护稳定、公共服务等各个方面。相较于监督责任考核,经济发展等工作更容易考核,面对上级绩效考核压力,监督责任往往更容易被忽略,甚至被认为会影响到其他方面工作的绩效,所以很多时候就出现了"效率优先,廉洁退让"的局面。

另外一个方面,越往基层,监督专业化程度越低,监督人员本身的素质、学历、专业等岗位匹配度相对更差。以乡镇为例,乡镇纪检监察干部则多是监察体制改革时从乡镇其他部门划转过来的,之前可能既没有法检和纪检监察工作经验,也没有法学相关专业背景,监督专业化程度低的问题很突出。而且,纪检监察干部主动提升监督能力的意愿也不足。

　　我之前在乡镇兽防站工作,监察体制改革的时候我被划到乡镇纪委做纪检专干。我是大专学历,又是事业编制,我在纪委系统没有办法晋升,因为乡镇纪委书记必须是行政编制。所以我目前在准备职称考试,希望能通过,如果不能通过,我就打算参加考试考到县兽防站工作,县里面评职称更容易一些。所以,现在在乡里我不想因为工作得罪人,这对我以后评职称、调动和考试都不利。而且,办案子这样的工作应该纪委书记带头去做,领导自己都不做,

又怎么要求我们去做呢？（访谈编号：20210511002HHX 乡镇纪委纪检专干）

此外，随着压力递减，监督的各种制度在基层也更不容易规范化，程序规定也更不严谨。

> "三转"的时候，乡镇纪委虽然都上报"三转"到位了，但在实际工作中又怎么能分那么清呢？我知道有的乡镇纪委书记实际上还在负责综治上的工作。书记给我安排纪委工作以外的其他工作，我还是得做。把领导得罪了，对我肯定没有好处。（访谈编号：20210514004ZN 乡镇纪委纪检专干）

> 当时纪检监察体制改革的时候，县纪委让我们自己在乡镇物色优秀干部到纪委队伍中来，但是我哪有那么大的话语权，我要的人一个都没有给，给的都是大家不想要的。比如说开始乡里面给我配了一个由村干部转为公务员的老干部，他，对纪委业务一窍不通，还没有兴趣学习，很多工作都得我自己做，我也没有办法，只能聊胜于无吧。（访谈编号：20210521001SHY 乡镇纪委书记）

2022 年，随着《中华人民共和国监察官法》（以下简称《监察官法》）生效，对监察官选用和监管将建立严格的制度。《监察官法》第十二条对监察官的条件做出了规定，其中第四项要求"熟悉法律、法规、政策，具有履行监督、调查、处置等职责的专业知识和能力"，第六项要求"具备高等学校本科及以上学历"①。比照这两项要求，在很多地方区县级纪委监委中符合条件的人员其实并不多，有些人学历不符合，有些人专业能力达不到，监督专业化程度显然不足。此外，根据监察官职责，符合监察官条件的人并不局限在审查调查部门，其他部门如监督检查室、党风政风监督室工作人员只要通过考试也可以成为监察官，那么这样的局面会对承担更加繁重工作及更大工作风险的审查调查人员产生消极影响。从工作职责分工来说，审查调查工作是纪委监委的中心工作。从工作难度来说，审查调查工作对专业能力要求更高，工作压力更大，工作风险更高。从工作回报来说，审查调查工作人员并没有获得优

---

① 《中华人民共和国监察官法》，北京：人民出版社，2021 年版，第 7-8 页。

于其他科室工作人员的回报。因为监察官定级是以行政级别为定级依据，在一般的地级市，县级纪委监委书记为副处级，两名副书记为正科级，科室主任为副科级。在定级上，审查调查工作人员并不具有优势，在之后的监察官晋升上审查调查人员也没有单独晋升通道。这种多方兼顾、平衡各方利益的制度在实际执行过程中可能不利于提高监督专业化程度，尤其是提升审查调查工作专业化水平，这也与《监察官法》的目的背道而驰。

> 我不想办案子，太操心了，还得罪人，如果没有干好还要担责任，但是监督检查就容易多了，反正工作开展了就行了，怎么监督的，有没有效果不会有人管的，监督检查的工作谁都可以做……谈话工作太累了，我办完上个案件之后调整了很长一段时间，因为压力太大了，整个人一直处在高度紧张的状态，精神和身体都感到煎熬。(访谈编号：20210607001MHS 审查调查人员)

> 之前，举报人到市纪委把我举报了，原因就是他举报的线索处理结果没有让他满意。我不知道上面会怎么处理这件事情，但是我也没有办法，只能该怎么办理就怎么办理了。办案真的太累了，我下班了脑子里面还在想案子上的事情，生怕有什么地方没有想到，出现差错，有时候做梦都梦到在办案。(访谈编号：20210607002MHS 审查调查人员)

总之，在监督责任履行方面，当前存在着监督效能递减与监督专业化程度低的问题。基层在中国科层体系中发挥着至关重要的作用，正所谓"上面千条线，下面一根针"，任务繁重。[1] 这会给基层干部带来"一人多岗""一岗多责"的情况，还会因上层政策执行的压力，导致"效率优先，廉洁退让"局面的出现，从而导致基层监督效能递减。此外，由于基层监督人员的专业性不强，对监督对象的监督会出现不当监督，如过度监督或虚化监督，也会导致无法很好地履行监督责任。

---

[1] 吴晓林、谢伊云：《国家主导下的社会创制：城市基层治理转型的"凭借机制"——以成都市武侯区社区治理改革为例》，《中国行政管理》，2020年第5期，第91-98页。

第三节 基层监督的能力困境

　　监督主体的规模和监督对象的规模要达到一定程度的适配才能发挥好监督的效能。监察体制改革之后，监督对象扩大了，监督主体规模在理论上也应该相应扩大，或者通过机制的创新来解决监督主体规模与监督对象规模之间的适配问题。监督主体规模和监督对象规模如果不适配，会带来一些不利影响和后果。一方面如果监督主体规模过小，监督对象规模很大，监督力量就不足以实现对所有行使公权力的公职人员的监督，即使在形式上做到了监督全覆盖，也无法做到实质性的推进，监督反而可能成为一种形式主义。另一方面，如果监督主体规模过大，那么可能会对监督对象的决策执行等工作形成束缚？比如说每5个工作人员里就有一个人来监督，那么可能其他人就会受到很大的束缚，不能够很好地开展工作。尤其在基层，基层事务具有很强的综合性，涉及经济社会发展各个方面，如果监督过度，会影响到其他工作任务的推进，所以要在监督主体规模和监督对象规模上寻求一个平衡，达到监督能力适中的状态至关重要。

　　监察体制改革后，监察监督实现了全覆盖，监察对象也随之大幅增加。以笔者长期关注地西藏自治区那曲市色尼区为例，目前色尼区各村共拥有党员6556名，监察对象184人。监察体制改革前，色尼区纪委干部职工10人。监察体制改革后，从色尼区检察院划转13个人员编制，实际转隶8人，目前色尼区纪委监委行政和事业干部共计23人。监督力量与村级监督对象数量明显不成比例。2019年在区委区政府的大力支持下，色尼区纪委监委根据监察体制改革向基层延伸的实施方案，在色尼区12个乡镇成立了12个派出监察室，实现了对色尼区乡镇所辖区域内行使公权力人员的监察全覆盖。派出监察室和乡镇纪委整合后，每个乡镇设置纪委书记监察主任1名、纪检监察专干3人，12个乡镇纪检监察干部共计48人。但其工作人员要每年参加市纪委监委跟班学习10人次左右(以乡镇纪委干部跟班为主)，自治区纪委监委跟班学习1人次(色尼区纪委监委干部跟班)。然后，会存在其他情况的抽调，如区市县巡视巡察、扫黑除恶专项治理、政法系统教育整顿等，都需要长期抽调人员开展工作。还有短则 3 天、长则 15 天的区内外培训，也会造成在岗干部人数少，工作多的情况。也就是说，基本上色尼区纪委监委日常在岗干部10 人左右，12 个乡镇纪委日常在岗干部共 24 人左右。不到 40 人要承担起本区监督执纪问责各项工作，任务实在艰巨。

总之，在监督力量保障方面，形成了庞大的监督规模与薄弱的监督力量之间的张力。监察体制改革实现了对所有行使公权力的公职人员的监察全覆盖，消除了监察真空区。但对基层纪检监察的实践而言，监督对象普遍增幅很大。与之相对应，基层监督力量增强幅度显著低于监察对象的增加幅度。此外，基层"微腐败"高隐蔽性、强危害性、长周期性、广涉及面、情况复杂、易发多发等特征，也增加了基层监督的难度。

第四节　基层监督的信息困境

信息是有效监督的关键，如果缺少信息或者信息不全，将直接影响监督效果，甚至无法真正开展监督工作。然而监督信息困境在当前的基层监督实践中还比较突出，主要表现在监督载体缺失造成信息不对称以及纪检监察机构与其他单位部门之间的监督信息隔绝。

第一，监督主体与监督对象之间的信息不对称，上级政府与基层政府之间的信息不对称。信息不对称的根本是缺乏监督信息的载体，没有形成用于监督的整合信息库。在基层监督实践中，如果缺乏这种依托公权力监督平台建设的信息库，监督主体不能全面、动态把握监督对象信息，在工作开展中通常会比较被动，监督会长期停留在事后监督状态，不能及时高效地开展事前、事中监督。

第二，纪检监察机构与其他职能部门监督信息隔绝。目前很多地方的纪检监察机构还没有打通和其他职能部门(如财政局、发改委等)的数据库，不能通过整合数据库共享监督信息。因为各单位、部门的资料都只在本单位或上下级系统中使用，在开展监督工作时，各监督主体各行其是，不能形成监督合力。纪检监察机构因为缺少全面、有效的信息，很难从全局出发统筹分析各方面的信息，找出问题症结，实施精准监督，更多时候犹如在黑暗中拼图，东一榔头西一棒槌地反复的去找寻信息碎片，然后再反复拼凑，如果关键碎片缺失，拼图也就难以完成。例如，在查办一起村干部挪用资金案中，需要去组织部、公安局或乡里调取村干部身份相关资料，需要去发改委调取项目资料，去财政局调取项目资金资料，去银行调取流水，等等。这些材料不一定去了就能调到，可能等了几天被告知没有资料也不足为奇。而银行交易流水和凭证则等上十天半月都未必有结果。当耗费了大量精力找寻到这些"信息碎片"后可能会发现存在缺失或者遗漏，重复性的工作又要来一遍，效率极低。

监督信息载体缺失和监督信息隔绝存在主观和客观两方面的原因。主观方面，无论是纪检监察机关还是相关职能部门，对村级小微权力监督都不够重视，都没有建立起村级小微权力的常态化监督机制，对村干部这一群体在一定程度上形成了监督缺位。而对于职能部门内部建立的信息系统，因为涉及保密或因担心信息共享会触动本单位本部门的既得利益，一些部门和单位对信息共享持消极态度，这种保密需要及保护主义使得信息资源通常只在系统内纵向流动，横向联系很少甚至没有，信息资源综合利用率也就很低，信息隔绝成为常态。客观方面则是受限于本地的经济发展条件，运用信息技术建立共享系统需要耗费巨资，经济欠发达地区受限于当地财力，可能无法提供资金支持。

第五节　基层监督的生态困境

良好的政治生态意味着公开、透明、程序化。基层政治生态作为政治生态的重要组成部分，如果遭到破坏将会产生不利后果。一方面会破坏权力运行规则，使制约监督权力的制度规则成为摆设，显规则失去作用、潜规则盛行，权力滥用、腐败滋生。另一方面会影响社会风气，滋生"有权就有钱""办事必送礼"的不良现象。当前基层政治生态总体向好，只是身处熟人社会或面对宗族力量，监督主体在依规依法监督，监督对象在依规依法办事上还有改善的空间。

当前，宗族力量在一些村庄治理中还是比较强的。现在的行政村通常是由以前的自然村合并后成立的，所以行政村并没有改变自然村里群众之间的地缘和血缘关系。新成立的行政村里依然有一些原来自然村的大户存在，而村干部的竞选通常是自然村里大户家族的力量博弈结果。也就是说村干部通常是大户家族基于家族利益推选出来的，那么当他当选后，就会做一些有利于自身家族而不利于其他家族的事情，这样就会形成"恶性的监督"，出现很多为了监督而监督的问题，即村干部本身没有很大的问题，但是一些群众会持续去乡镇、县里信访举报。"在村庄竞选中落败的较大家族的代表时时处处等着当选村干部犯错，一旦犯错，他们即以此说事……结果就是，当选的村干部很难在任上长期稳定任职。"① 这样就导致选举出来的村干部不能好好做事情，天天被举报。这个问题在色尼区的主要体现即是重复上访问题。有的村民会持续举报现任村级党组织书记或者主任，但是举报内容多是捕风捉影、无中生有或是无据可查。通过深入了解，其原因往往是村民以前是村委会干部，甚至之前是村主任、村书记，因为在改选中落选形成积怨，所以试图通过举报方式泄愤并获取利益。如果这个村干部因为家族的势力而当选，他们通常会做出一些不利于其他家族的事情，这种为了维护自己家族的利益牺牲其他村民利益的行为时有发生，不利于在村里形成良好的公平的环境。因为宗族力量的作用，很多村的书记、主任都是连选连任，在村干部岗位上工作十余年甚至几十年，这在自治意识不强而宗族意识浓烈的欠发达地区，无疑会形成一种权力威慑。村民因为对权力的忌惮，害怕打击报复而敢怒不敢言，长此以往，村干部违规违纪问题多发频发甚至演变成违法犯罪问题。

此外，在现代的社会条件下，每个人都有独立的个性和独立行为的能力，可以按照个人意愿采取个人行为，但是中国社会的整体特征仍是熟人社会，尤其是在广大的农村地区，熟人社会特性更加突出，这种特质可以用费孝通先生在《乡土中国》中提出的"差序格局"来概括。差序格局反映了公与私是相

---

① 贺雪峰：《治村》，北京：北京大学出版社，2007年版，第290页。

对的，比如说为了家族牺牲社会公共利益对个人来说也可以是"公"的行为，因为家族就是他心中的"公"。自我与他人的关系也是相对的，比如说人们对于他人的贪污行为深恶痛绝，但是如果是自己的亲人发生贪污行为，态度可能就会截然不同，甚至会帮助其隐瞒这种自己原本极力谴责的行为。差序格局导致的行为差异使人们对各种关系格外看中，却往往忽略或者变通遵守法律和道德规则。因此，在生产生活中人们很难按照程序进行监督，因为熟人之间觉得不好意思监督。换句话说，虽然我是村民或者是村务监督委员会的主任、委员，对村干部有监督的权力，但是通常碍于面子，我选择不行使自己手中的权利，而且不行使这个权利也不用承担责任，就算村干部腐败了，也不是我的责任。正是因为村民和村务监督委员会没有将监督村干部看作是自己的责任义务，在熟人社会的条件下就会导致碍于情面不进行监督，所以村民和村务监督委员会对村干部的监督效果就比较一般，村干部贪腐的机会就相应增加了。

农村社会是一个熟人社会，权力运行的主体之间、权力运行的客体之间以及主体与客体之间常常都是熟人。而这种亲密的关系因有血脉传统文化的牵绊和同一地区归属的影响，变得稳定而且牢固。受传统文化的影响，成为村干部是"光宗耀祖"的思想在当前的欠发达农村地区仍较为流行，当选村干部应当适时照顾"家里人"的想法普遍存在于村民之中。近年来，随着各项制度规则的逐渐完善，优亲厚友的现象有所减弱，但依然屡禁不止。在"一肩挑"背景下，当熟人社会遇上"一人独大"，农村社会关系复杂导致权力运行失范的问题也就随之产生。

总之，在基层治理生态方面，基层监督的现实困境主要体现在宗族势力影响、"村霸"治理与"熟人社会"等方面。需要说明的是，"村霸"治理在基层仍未杜绝，个别村干部利用宗族势力甚至黑恶势力长期把持基层政权、操纵破坏基层选举、垄断农村资源、侵吞集体资产，对基层治理造成了严重的影响，也大大提高了监督难度。另一方面，当代中国基层具有"熟人社会"的属性，这就使得监督主体易受人情因素的干扰而减少对监督对象的监督，造成监督疲软问题甚至形成腐败同盟。

第六章　数字技术与基层监督

　　"自我监督是世界性难题，是国家治理的哥德巴赫猜想。"①基层公权力监督的制度建设与制度执行能力是实现基层治理现代化的核心要义。总体而言，积极权力观是我国公权力体制机制建设的基调，在实践中体现为事实上公权力有较大的行为空间来积极作为，从而保障公权力的运行效率。然而，积极权力的建设并不能舍弃公权力的有限性，即对公权力进行约束，防止其滥用专断。尤其对于基层而言，公权力滥用、"微腐败"带给群众的感受最为直接和真切，因此加强对基层公权力的监督应当成为基层治理现代化的重点。然而，当前基层公权力监督面临着多重现实困境，主要体现在监督体制困境、监督责任困境、监督能力困境、监督信息困境、监督生态困境等。为了破解这些困境，全国各地都在探索将数字技术应用于基层监督，如贵州贵阳的"数据铁笼"、浙江温州的"智慧纪检"、浙江绍兴的"基层公权力监督平台"、湖南宁乡的"3+1+5"平台、辽宁沈阳大数据监督技术实验室、湖北恩施"三网三平台"。那么，数字技术是通过何种机制提升基层监督效能、重塑基层监督体系的呢？

　　数字技术是指以互联网、大数据和云计算为代表的现代化数字技术。近年来，我国数字技术愈加成熟，国家对数字技术和数字治理的重视程度也在逐步提升，与之相伴的是学界对数字技术应用于权力监督的关注，且已经有了一些研究成果。但已有研究多集中在宏观的理论建构层面，尚缺少基于实

---

① 《习近平著作选读》(第二卷)，北京：人民出版社，2023 年版，第 126 页。

践的机制解释。

早期的数字监督是伴随着信息化时代发展而产生的。2004 年 11 月投入使用的"深圳市行政许可电子监察系统"是一个典型代表，这套系统可以对行政许可办理全过程进行实时监控，如果出现超时或违规办理等情况，系统将提示警告。随后，电子监察在多地涌现，广西、江苏、浙江、重庆等地纷纷基于电子政务的发展开始运用电子监察。有学者认为，电子监察的兴起为当时的行政监察提供了全新手段和渠道，限制了行政自由裁量权的滥用，有利于行政审批监控体系的完善。[①] 但是，由于电子监察可适用的领域和环节有限，有些地方开始在信息化的背景下探索开展监督工作。最初的信息化监督比较集中地体现在财务管理领域，这与财务管理比较早地运用信息化管理具有紧密联系。然而，由于当时一些系统的数据采集和分析功能不足，并没有进行充分的数据挖掘和应用，因此监督的水平有限。伴随着大数据等概念的出现，大数据监督便孕育而出，学者们开始对法律[②]、财务管理[③]、审计[④]、网络舆情等领域的大数据监督展开研究[⑤]。有学者认为，随着大数据技术的发展，政府权力运行的每一个细节、每一个领域都可以实现数据化。[⑥] 各种政府数据通过云端公开与社会公众共享，无论是社会管理政策，还是办证审批流程，抑或是政府决策过程，都以数据的形式展现，从而倒逼权力运行过程规范化。[⑦] 但是，这种看法本质上仍然是从信息公开的角度运用大数据。事实上，在数字监督的发展中，数据运用已经不再局限在公开层面，而是开始运用于一些

---

① 邹彬、袁柏顺：《我国行政审批电子监察系统的发展趋势与影响》，《求索》，2009 年第 6 期，第 153-154 页。

② 白建军：《大数据助力法律监督》，《探索与争鸣》，2015 年第 2 期，第 30-32 页。

③ 赵术高、李珍：《大数据背景下的财政管理与监督流程信息化再造》，《中国财政》，2015 年第 8 期，第 45-47 页。

④ 马志娟、梁思源：《大数据背景下政府环境责任审计监督全覆盖的路径研究》，《审计研究》，2015 年第 5 期，第 28-34 页。

⑤ 彭长华：《大数据时代网络舆论监督机制的现状及对策分析》，《新疆社会科学》，2016 年第 5 期，第 13-18 页。

⑥ Washington A. L., "Government Information Policy inthe Era of Big Data," *Review of Policy Research*, 2014, 31(4).

⑦ 谭海波、蒙登干、王英伟：《基于大数据应用的地方政府权力监督创新——以贵阳市"数据铁笼"为例》，《中国行政管理》，2019 年第 5 期，第 67-71 页。

预警性监督层面。有学者开始探讨运用大数据的方法分析和识别腐败风险，从而提高监督工作的针对性。[①] 这些研究推动了数字监督功能的丰富，也拓展了学术界和实务界对大数据监督的思考空间。然而，从已有的文献成果来看，对数字监督应用和发展的分析仍有不足，尤其是基于实践的机制分析严重不足。本书采用了案例研究的方法，对地方案例进行系统研究，深入剖析数字技术应用与基层监督的实现逻辑，并讨论数字监督对于权力约束一般性理论的贡献。

第一节　数字技术应用于基层监督的属性与机制

目前，包括互联网、大数据、云计算等在内的数字技术已深深融入政务运行，以权力监督的智慧化提升权力监督效能在实践中具有可行性。借助数字技术，公共部门得以利用刚性化的程序控制压缩基层政府公职人员的自由裁量权，提升政府决策和行为的透明度，增强组织内部和外部的监督问责效力。推动纪检监察业务与现代数字技术深度融合，推动纪检监察工作向数据化、精细化方向发展，推动监督执纪问责和监督调查处置更加科学、严密、高效，业已成为各级纪检监察机关的重点工作。

具体来说，一是数字技术应用于基层监督有利于实现全过程监督。将数字技术应用于政务运行的基础就是权力运行在线化。政务信息的生成、流转都在数字平台上运行，这就不可避免地形成了权力运行痕迹，依据这些痕迹及其回溯机制可以较好地实现对权力的全过程监督，包括对权力运行的事后追究等。二是数字技术应用于基层监督有利于实现实时监督。在传统的监督实践中，监督通常发生在事后，更多的是事后问责，但事后问责的成本很高，不仅会给社会运行带来成本，还会给权力监督本身带来成本。而将数字技术应用于基层监督可以将监督置于权力运行的过程中，一旦出现与系统设定不

---

① 过勇、杨小葵：《基于大数据的领导干部廉政监督机制研究》，《国家行政学院学报》，2016 年第 6 期，第 22-27 页。

符的现象则可立即发出提醒，及早发现并处置权力运行的失范行为。运用数字监督平台，甚至可以通过趋势分析进行风险预警。三是数字技术应用于基层监督可以通过数据的共享与整合打破传统监督中"信息不对称"的困境。信息是监督的必要条件，没有信息，监督就无从谈起。在传统的监督中，始终存在着"信息不对称"的问题，即监督对象的实际信息与监督机关所掌握的信息之间的不对称，信息的不对称会导致基层监督过程中不能对监督对象的所有违法违纪行为进行监督，甚至在提取信息时会出现"打草惊蛇"的情况。而将数字技术应用于基层监督可以建立所有监督对象的数字档案及其关联档案，为纪检监察办案提供基础信息。此外，还可以联通多个基层治理相关数据库，通过数据库之间的碰撞组合缓解信息不对称问题。

因此，将数字技术应用于基层监督的核心机制有三个。第一，流程精简优化，实现基层监督的规范化。数字技术的使用通过数据的平台化、关联度和聚合力共同作用，以应用为导向开展纪律监督和技术反腐，是提升政府基层治理能力、创新基层监督模式的重要载体。① 政府部门可以利用大数据实现政府权力清单、责任清单和负面清单的透明化管理，通过制定统一的数据规则和技术标准，细化、优化、固化权力运行流程，合法、合理分配各项职责，实现权力运行流程的数据化，让权力在阳光下公开透明、规范运行。例如，通过将"三资"管理、惠农政策补贴，脱贫攻坚等业务操作流程整合到信息平台上，数字技术能够提供标准化的流程规范，实现基层小微权力行使的流程精简优化，从而有效压缩村干部的自由裁量权，压缩"微腐败"的生长空间。综合性的信息化平台对基层政策执行过程进行全过程、全天候、全方位的有效监督，增强了制度在基层运行的有效性。

第二，信息公开透明，减少基层监督的信息不对称性。基层监督的技术赋能就是借助相关技术，尤其是数字技术将权力运行的全过程痕迹化管理，用数据来刻画权力行为，从而减少或消除权力监督主体与客体之间的信息不对称，实现对权力运行的刚性约束。数字技术可以实现权力运行的事中和事

---

① 许欢、孟庆国：《大数据推动的政府治理方式创新研究》，《情报理论与实践》，2017 年第 12 期，第 52-57 页。

后监督，使权力运行的每一环节和流程，至少是关键环节和流程得以留下痕迹，实现了事前—事中—事后的全覆盖，也使权力运行过程公开透明，这是构建不敢腐、不能腐、不想腐的长效机制的必要基础。同时，通过在基层监督中运用数字技术手段，使基层纪检监察干部的业务处理过程公开透明，保证了纪检监察干部依法依规办信办案，实现了对监督的监督。

第三，内外问责有力，减少权力运行的随意性。数字技术以刚性化的程序控制压缩行政官员的自由裁量权，通过信息公开提升公权力决策和行为的透明度，增强组织内部和外部的监督问责效力，是提升国家或地区清廉水平的重要工具。数字技术的控权问责逻辑在于：首先，数字技术的使用将基层权力主体的工作内容、要求、流程、结果等置于技术监管平台之下，一旦责任主体履职过程中出现了廉政异常情况，能够实现有据可查，增强过程的透明性，提高政府内部问责工作效率；有利于履职主体提高责任意识，促进责任内容具体落实；有利于防止责任主体不作为，避免履职虚化和责任空转。其次，数字技术在基层治理领域的使用显著提高了基层政府的政务信息公开水平和村务信息公开水平，进而提高了政府与公众之间的互动交流水平，显著增强了社会外部的监督问责效力。

总之，通过在线化使权力运行过程留痕，从而做到痕迹管理与行为回溯，以记录带来的震慑力减少基层腐败行为发生的概率。通过数字系统的设定，将各权力主体的权限限定在特定轨道，使其不能做出超出数字系统设定权力之外的行为；同时，将权力运行的流程也规范化，不能增设或减少权力运行的必要环节，从而形成权限管理与流程约束机制。数字平台的应用构建起了基础信息库，便于日常监督，再加上整合其他部门的数据库形成基层监督的整体数据库，最后通过数据库的信息碰撞实现基层监督。

第二节 案例选取：一个地方项目 运作的呈现与解析

为进一步呈现数字技术应用于基层政府治理的实践过程，本书选取了绍兴市推行数字监督系统落地的过程为个案，以绍兴市为研究对象主要基于以下两方面的考量：第一，绍兴市较早推行了基层纪检监督工作规范化建设，所选案例具有典型性和代表性；第二，笔者全程参与了由绍兴市纪委委托的专项课题，多次在绍兴市及其所辖各区和县级政府部门进行半结构化访谈，获取了详细的一手调研资料。案例中的二手材料来源于政府部门官方网站及政策文件。基于此，本书详细梳理了绍兴市基层公权力监督平台等数字监督系统建立的过程。

目前，互联网、大数据、云计算等数字技术已深深融入政府政务运行，以数字技术提升权力监督效能在实践中具有可行性。自上而下的政策文件也对数字技术助力权力监督提出了新要求。2017 年，在党的十九大报告中提出要"建设覆盖纪检监察系统的检举举报平台"。2018 年，中央纪委国家监委出台了《中央纪委国家监委信息化工作规划(2018—2022 年)》，要求各级纪检监察机关运用互联网、大数据和信息化手段推动纪检监察业务与现代信息技术深度融合，为全面从严治党、党风廉政建设和反腐败斗争插上科技的翅膀。2020 年，第十九届中央纪委四次全会提出要"建立权力运行可查询、可追溯的反馈机制，加强信息化监督平台建设，以公开促公正、以透明保廉洁"①。在这样的背景下，如何运用好数字技术助力纪检监察工作高质量发展成为基层监督的重点。

绍兴市在推进监察体制改革向基层延伸以及乡镇纪检监察规范化建设的过程中，面临着乡镇纪检监察工作较为被动、乡镇(街道)纪检监察工作的质量效率不高等困境，致使基层监督难以有效开展。这主要源自两种不对称性：第一，权力不对称性，基层微权力在自上而下的赋权中，缺乏与之相配套的监督权力，使其得不到社会和民众的有效监督；第二，信息不对称性，基层微权力处于国家公权力体系的末端，公职人员利用小微权力谋取个人私利的行为具有很强的隐秘性，基层纪检监察干部难以掌握充足精准的信息，难以有效开展权力监督。

---

① 赵乐际：《在中国共产党第十九届中央纪律检查和员会第四次全体会议上的工作报告》(2020 年 1 月 13 日)，新华社，2020 年 2 月 24 日电。

2018 年 8 月，绍兴市在 A 区和 B 县级市试点基层公权力监督平台，并于 2019 年底在全市范围内推广，目前绍兴市 107 个乡镇（街道）已经完成了基层公权力监督平台的建设工作，并在日常监督和案件办理中注重充分发挥信息化技术的作用，通过技术赋能全面提高履职精准度。具体而言，基层公权力监督平台由四大系统组成，分别为基础信息系统、业务操作系统、政治画像系统、清廉建设系统。

基础信息系统实现多维度数据覆盖。除全市所有监察对象及党员的工作简历、社会关系、出国（境）证照使用等基础数据外，还包括基层纪检监察工作的核心内容，涵盖检举控告、问题线索、纪律处分、谈话函询等电子档案。在系统内可以实现公共资源交易、基层综合治理等信息即时调取，为审查调查提供基础保障。同时，法纪条规、案例模板、查审联席会议纪要等工作依据也即点即查。业务操作系统聚焦核心业务在线流转。实现信访举报、问题线索、案件审理、党风政风监督、巡察监督等业务线上交办转办、审批审核。村级监察工作联络站和乡镇职能线上办的监督信息通过微信公众号直报平台、动态采集，乡镇纪委监察办可分析研判监督信息并实现向上转报或平行交办，市纪委监委机关、乡镇纪委监察办、派驻机构、巡察机构通过平台实现信息互通、问题互商、力量互补。政治画像系统依托可视化功能开展预警。通过采录各行政村和村主职干部监督信息生成网状雷达图，根据画像"残缺"程度开展分色预警。核心业务则以统计表、趋势图、柱状图等直观形式呈现。清廉建设系统通过图文资料促进互学共鉴。平台整合了"三资"监督管理、"小微权力"监督管理、工程招投标监督管理等系统，建有公职人员廉政档案库、乡镇村社监察对象信息库。通过数据导入、业务流转、统计分析、电子归档、信息继承、自动关联、预警提醒，实现了网上流转、分派处置、实时监控。

第三节 双维控权：数字技术赋能基层监督的进路

基层监督，监督的是公权力。换言之，所有行使公权力的人员和单位都应当受到监督和权力约束，即"控权"。具体来说，可以分为对监督对象的控权和对监督主体的控权。所谓监督主体，主要是指各级纪委监委，即行使监督权的主体；所谓监督对象，则主要是指行使决策权、执行权等公权力的公职人员。在已有的关于将数字技术应用于权力监督的研究中，更多的讨论是对监督对象的监督，而忽略了对监督主体的监督。而对监督主体的监督和控权是不容忽视的，监督权的规范行使对于整个公权力秩序的稳定具有重要意义。在中国，"强监督—弱制约"是基本的控权模式，在这种控权模式下，监督疲软则会打破决策权、执行权、监督权三者之间的平衡，无法实现监督保障决策与执行的效果。反之，过度监督又会让决策权、执行权无法正常运行，甚至出现不敢作为的情况。因此，运用数字技术实现双维控权，是数字技术赋能基层监督的基本进路。在实践中，要明确监督是治理的内在要素、重要环节，也是权力正确运行的根本保证。要正确认识把握监督和治理的内在关系，充分发挥监督的发现、评价、纠偏、完善等多种功能，通过发现国家治理体系运行中存在的突出问题，对国家治理能力短板、不足和偏差提出预警，对脱轨权力进行修正，进而推动整改、促进改革、完善制度，推进国家治理体系和治理能力现代化。

将数字技术应用于对监督对象的控权，是当前实践的主要内容，即借助大数据技术研判，实现基层政治生态建设的在线预警。纪检监察机关不仅要利用信息技术提高工作的科技水平和信息化建设水平，同时要更加注重从信息中提取有效数据，以此分析腐败和反腐败的规律与趋势，提高监督工作的针对性和有效性，甚至对潜在的腐败行为进行预测。绍兴市以大数据技术为支撑，探索创建了政治生态评估实时监测预警平台，将评估指标等信息进行数据化集成处理，通过监测数据实现自动比对、数据统一分析、线上实时预警构建数据模型。政治生态在线预警有助发挥监察数据的研判作用，抓早抓小，强化"第一种形态"运用。根据信息研判分析，定期形成基层政治生态分析报告，开展分层分类预警，提升监督质效。同时，加强与基层治理等平台的联网，建立和导入清廉指数，建立廉政预警机制等。平台会自动分析日常监督等数据信息，动态评估村社的政治生态情况，及时督促"亚健康"党组织的净化修复。乡镇纪委监察组织针对基层党员干部苗头性、倾向性问题，能够及时进行谈话函询，治病于未发，防患于未然，将日常监督关口前移。数字技术应用于基层监督帮助基层纪检监察组织提高了监督的有效性，做到了监督关口前移。

与此同时，运用数字技术对监督主体的控权同样重要。对监督主体的权力约束不仅可以保证基层监督的专业性，还可以给监督对象带来制度上的安全感；不仅可以保证监督主体合理使用监督权，还可以提高监督效能，进而避免造成对监督对象的过度监督或不当监督。运用数字技术对监督主体的控权，最重要的在于将监督权力限定在特定的轨道上。首先，限定监督事项，即什么应该监督，什么不应该监督，监督的边界在哪里，其中包括哪些人物应该被监督、哪些事项应该被监督等，所有的监督行为都发生在法律法规授权的范围内。其次，限定监督流程，即应该如何监督，监督行为的发生有什么限定流程，什么是必经流程，绝不可随意增加或减少某项流程。因为通常流程的增加或减少都会存在监督权不规范使用的现象，甚至出现监督权寻租等问题。总之，数字监督本身内涵的行为留痕机制就是对监督主体权力的最大约束。绍兴市所采用的基层公权力监督平台一方面是对监督对象的监督，另一方面也是对监督主体的权力监督，具有双维效应。

第四节　要素联动：数字技术对科层组织与监督信息的整合

一、数字技术对科层组织的整合

绍兴市拓宽监督领域，联通"线上线下"监督，实现了县区市、镇街和村社的三级联动，"四个监督"的贯通协同。

首先，通过县区市、镇街和村社三级联动，实现公权力监督的纵向全覆盖。以信息化平台为支撑，绍兴市的基层监督工作实现了县区市、乡镇和村社的三级联动，为县区市加强对镇街纪检监察工作的领导提供了依据，为村社及时准确上报信息提供了便利，切实整合了基层公权力监督的纵向力量。具体来说，一是各县区市加强对镇街纪检监察工作的领导。通过基层公权力平台的运行，各区、县(市)委机关能够实时掌握基层案件办理情况，及时发现和纠正问题，进一步规范了基层案件办理程序，提升了案件质量。而且，通过基层公权力监督平台，以县一级纪委监委为主体，把县域分散在各方面的纪检监察工作力量整合起来，科学合理地统一调度使用，攥紧拳头强化主责主业，实现监督力量统筹。根据基层纪检监察工作流程规定，乡镇纪检监察组织办理的案件在县级纪委监委案件审理室协审后，还需经过支部大会讨论、处分决定书见面稿见面、乡镇党委审议、处分决定书制作、处分决定书送达、送达谈话、入档回执、处分执行情况报告表等多项程序，才能进行结案。以越城区为例，在基层公权力监督平台运用前，Y 区纪委监委审理室要确定这些程序的执行过程是否规范，往往要等到乡镇纪检监察部门案卷送区纪委归档前的检查环节才能发现，离办案时间过去越久，补充、纠正越困难。但在平台运用后，越城区纪委监委审理室能够实时查阅乡镇纪检监察组织办理的每个案件的程序和当时的情况，对发现的问题及时提出纠正和整改意见，确保案件质量。二是实现村社基层监督信息的及时上报。基层公权力监督平台的突出特点就是，通过与信访举报平台等结合，可将监督职能延伸至村一级，充分发挥监察信息员的信息上报作用，充分整合群众监督力量。譬如，开辟小微权力及时监督功能，同时与公权力监督平台进行有机结合，拓展平台在线举报、在线监督功能，对通过平台报送的问题信息实行网上流转，分派处置，节省流转成本，加快流转速度。

基层公权力监督平台提升了县级纪委监察委对乡镇纪委监察办的有效领导和科学指导水平，充分发挥了村社监察信息员的作用，做实做细了日常监督。一方面，县级纪委监察委能够发现乡镇纪检监察组织在日常工作中的问题，并通过基层公权力监督平台及时提出纠正和整改意见，发挥出了专业指导作用，有利于基层纪检监察工作的高质量完成；另一方面，监察信息员若发现村干部等在日常履职中的违规行为，可以通过基层公权力监督平台及时准确地上报信息，发挥出一线的"探头"作用，有利于监督前移，提升基层组织依法依规履职水平。

其次，通过打造全方位、多主体的监督体系，实现"四个监督"的贯通协同。绍兴市注重发挥信息平台对巡视巡察工作的支撑作用，助力打造有序衔接、互为补充、协调一致的巡视整改监督链条，促进"四个监督"的贯通协同。柯桥区借助党风廉政信息监察平台服务巡视巡察工作。一是摸排问题线索，在巡察工作开展前，对被巡察单位的整体情况进行梳理，运用统计、比对、分析等手段，拓宽发现问题渠道，为巡察工作的开展提前布局；二是开展联合巡察，在驻点巡察和作风巡察工作开展期间，运用大数据理念，开展相关数据查询比对、文本信息核对、数据关联分析、数据过滤侦测，联合巡察组对"重点岗位""重点人""重点事"进行重点巡察，确保问题发现得更加精准高效；三是跟踪整改落实，发挥监察中心信息收集实时性优势，对驻点巡察和作风巡察反馈意见的落实情况实时跟踪，确保巡察工作实效。同时，柯桥区建立了多方协作处置机制，发挥了信息平台的综合效能，强化了监察中心与区委机关其他科室以及区委巡察组、派驻纪检监察组、镇(街)监察办等部门的协作配合，使问题处置更加直接，问题整改落到实处，综合效能更加突出。例如，配合党风室和干部室对"两个责任"落实情况进行联合督查、定期通报；对于监察中发现的全区普遍存在的问题，联合宣教室以栏目《纪委提醒您》、微信公众号等形式予以预警提醒；配合各纪检监察室，通过监察平台进行问题线索核查；制定《关于建立监察中心与镇街监察办联动协作工作机制的暂行规定》，进一步加强与镇街监察办的配合协作。

基层公权力监督平台为"四个监督"的协调衔接提供了科技支撑，构建起了纪委、巡察组和派驻机构多方联动的监督格局。绍兴市在推进"四个监督"协同发力的过程中，充分运用信息平台，为巡察工作的顺利开展提前布局，提高"靶向"发现问题的效率；在巡察工作开展过程中，帮助形成有序衔接、互为补充、协调一致的监督链条；整合各方监督力量，跟踪问题整改落实情况，搭起环环相扣、密密实实的"问题整改网"。总之，绍兴市充分利用了基层公权力监督平台，构建起智慧化的联动监督机制。一方面，利用平台以拓宽监督领域，联通了"线上线下"监督，切实加强了县级纪委监察委对乡镇纪委监察办的工作指导能力，发挥出了监察信息员及时发现并上报问题的"探头"作用。另一方面，实现了在更大范围内整合运用监督力量，提高了"四个监督"的贯通协同水平，充分发挥了基层公权力监督平台的信息中心枢纽作用。绍兴市利用"智慧监督"的信息平台，落实落细监督力量的整合运用，聚力提升基层纪检监察机关监督能力和治理效能，推动纪检监察工作实现高质量发展。

二、数字技术对监督信息的整合

绍兴市充分利用大数据、互联网、信息平台等现代信息技术，实现基层纪检监察的数据整合和流程优化，建立智慧化的联动监督体系，在更大范围整合基层监督力量，利用大数据进行研判分析，提前预警，打破了乡镇纪检监察工作原有的被动局面，使乡镇(街道)纪检监察工作的质量效率倍增，极大地激发了数字技术在基层监督的赋能效应。

首先，文书档案数字化助力纪检监察信息的系统集成。绍兴市各地建立监察对象廉政数据库、文书模板信息库，区镇两级机关全体干部、村(居)干部、区属各企事业单位、有关垂直部门及金融机构现任中层副职以上干部和重要岗位管理人员共计11000余人，全部纳入建档范围，实现了应建尽建。对涵盖内容不足的已建档案，参照现有模板进行补充完善，实现了应包尽包。推进监督更新无缝隙，廉政档案实行纸质档案和电子档案双重规范化管理，做到信息录入动态更新。在办案过程中，乡镇(街道)纪检监察干部可以"按图索骥"，照章办事，推进基层纪检监察工作的规范化程度。同时，赋予纪检监察室、派驻机构、镇街纪(工)委一定的自主增设权，视情况可扩充廉政档案内容。综合而言，绍兴市基层公权力监督平台业已形成信息协同共享机制，将监察对象的廉政信息档案和文书模板集纳汇总、分析研判、整合运用，为基层纪检监察组织开展精准精度提供了信息支撑，提升了基层公权力的监督质效。

其次，一站式业务办理流程助推基层纪检监察的规范化。绍兴市的基层公权力监督平台不仅是基层廉政治理的数据库，还是基层监察业务办理的流转平台。在基层公权力监督平台中嵌入并优化了业务办理流程，实现了信访办理、问题线索处置、案件审理等业务的网上流转，变"人员跑"为"数据跑"，业务处理流程更加规范化、简便化。绍兴市的基层公权力监督平台优化了业务办理流程，为核心业务在线流转提供指引，基层纪检监察干部根据平台提示的流程信息操作，实现了信访举报、问题线索、案件审理、党风政风监督、巡察监督等业务的线上交办转办、审批审核。同时，业务报表填写简明清晰，通过数据库关联，平台可以将自动生成的审查调查结果直接嵌入监察对象的廉政档案，办信办案工作人员无须重复录入，切实为基层工作"减负"。每个审查审批环节都有工作时限，业务流转过程清晰可见，这也加强了市纪委对乡镇纪检监察工作的动态掌握、精细管理和规范指导。基层公权力监督平台的流程优化既保证了基层纪检监察工作的规范性，又减少了乡镇纪检监察干部行使自由裁量权的空间，将内部监管的制度"笼子"越扎越紧，而且推动了系统内部"最多跑一次"改革，做到工作情况自动留痕、结果自动生成共享。

再次，跨部门数据共享提升基层纪检监察效能。绍兴市的基层公权力监督平台通过信息集成和系统整合，打破不同信息系统间的数据壁垒，将原先分散在各个系统的业务数据集中到专门的信息平台，联通上下级纪检监察部门的纵向数据和各个重要系统的横向数据，实现了数据的全面共享以及资源集中、人员集中、技术集中和能力集中，为基层纪检监察工作提供了统一的信息管理和服务，做到"初核不出门"，有效提升了基层纪检监察工作效能。一方面，联通纵向数据。绍兴市的乡镇基层公权力监督平台可上下联通，数据共享，实现了上情下达、下情上传。向上，乡镇（街道）纪检监察信息平台与县、市级电子信息平台联通，实现与巡察机构、委机关、派驻机构信息互通，提高办公效率和管理水平；向下，延伸至村一级单位，拓展微信、钉钉等在线举报功能，方便群众和纪检监察信息员监督，形成监督"天网"，打通基层监督的"最后一公里"。另一方面，联通横向数据。农村"三资"监管、惠农补助发放、脱贫攻坚、工程建设等重点事务与人民群众日常生活密切相关，受到人民群众的关心和关注，利用信息化手段，可以实现业务办理数据的联通，提高监督效率。例如上虞区围绕"人+权"这一关键核心，以专线接入等方式，集中采集各单位业务系统中的公职人员相关数据，创新搭建党风廉政信息"1+3"监察平台，以监察对象基本情况信息库为主干，以权力运行监督库、公共资源信息库、个人行为信息库为分支。基层纪检监察工作人员可以即时调取各种基础材料，为信访办理、初查初核安全等审查调查工作提供基础信息保障，有效提高了办案的效率和质量。

　　总之，数字治理是新时代国家治理的重要面向，国家治理的各个领域都在探索运用数字技术提升治理效能。在基层监督实践中，数字技术的运用更有必要，通过全过程监督、实时监督和信息共享等方式增强基层监督质效。需要注意的是，数字技术对于基层监督体系的重塑效应不仅体现在对监督对象的监督，还体现在对监督主体监督权行使的监督，从而形成双维控权体系，数字技术本身内含的在线化与行为留痕机制为双维监督提供了可能。数字技术得以形塑基层监督，关键还在于对科层组织内监督力量的有机整合和监督信息的有机整合，使监督工作更具聚焦性和透明性。

　　值得讨论的是，数字技术对基层监督的重塑在一定程度上推动了权力约束一般性理论的更新。第一，初步形成了集约式权力监督。我国实行强监督的控权模式，强监督很重要的特点就是具有多重监督力量和监督形式，如以权力制约权力、以责任制约权力、以权利制约权力、以法律制约权力。具体来说，以其他公权力主体监督公权力，以责任的履行倒逼公权力的规范行使，发动群众和社会力量进行权力监督以及通过设定权力的范围和权力的流程约束权力。可以发现，数字技术通过整合的方式将这些监督形式和力量很好地聚合在了一些，在一定程度上增强了监督合力，初步形成了集约式监督的模式。第二，探索了权力集中配置体制下权力约束的可能性。中国不采取以美国为代表的西方国家所采用的三权分立体制，中国实践中权力的集中行使可以较好地发挥权力效能，如决策效率的提升、决策成本的降低等问题。但集权所带来的腐败风险往往成为诟病集权的关键点。而数字监督则为权力集中体制下的权力监督问题提供了可行路径，即无论权力主体拥有多大的权力，都必须在数字平台上留痕，留痕所带来的监督和监督震慑是不容小觑的。最后，将数字技术应用于基层监督，在一定程度上缓解了"谁来监督监督者"的问题。这是因为数字监督平台本身具有聚合效应，可以较好地融合上级监督、下级监督以及社会监督的力量，在一定程度上可以形成上级、下级、民众的监督闭环，破解了强监督体制下无法监督监督者的问题。

　　然而，需要特别注意的是，不能过度依赖数字技术为基层监督带来的"红利"，因为国家治理需要弹性和韧性，而数字监督的刚性会减少公权力的自由裁量空间，从而无法很好地进行治理创新。因此，要合理地看待、审慎地运用数字监督。

第五节　数字监督的局限性分析及优化策略

　　基层纪检监察组织在农村基层监督中运用数字技术，以数字技术重塑基层监督体系，提升基层监督效能。在基层监督中，数字技术实现了愈发精细的组织内部监督和更为高效的村级小微权力监督。与此同时，数字技术也赋能村级监督组织和村民，村民反腐败举报途径便利化，村级组织监督力量强化，村级小微权力监督整体效能提升。但是，基层纪检监察组织以数字监督村级小微权力的局限性也较为显著，具体表现在数字监督绩效内卷化风险、数字监督的信息操纵风险和技术赋能监督组织的非均衡性，它们在一定程度上制约了基层监督效能的提升。针对上述局限性，本节提出纪检监察组织以数字监督村级小微权力的优化策略，优化数字监督绩效的考核体系，提升数字监督的信息质量，以及以制度推进技术均衡性赋能，最终增强数字监督村级小微权力的实质性效能。

一、数字监督的局限性

　　数字监督局限性的产生主要是由于数字技术与行政制度、社会环境之间存在张力。在把数字技术作为监督工具的过程中，上级纪检监察组织以考核制度确保基层纪检监察组织运用数字技术，高效完成基层公权力监督平台的建设任务目标，但存在行政压力引发数字监督绩效内卷化的风险。同时，数字监督所需的信息质量决定了基层监督的有效性，由于基层监督数据采集由村级监督组织负责，基层监督的信息操纵风险将影响数字技术的基层监督效能。另外，在既有行政体制下，数字技术对基层纪检监察组织和村级监督组织的赋能程度是不同的，技术赋能的非均衡性在一定程度上影响了民主监督的有效落实。

1. 数字监督绩效内卷化风险

　　在压力型体制下，纪检监察组织内部的行政压力使数字监督绩效存在内卷化风险，进而引发数字监督价值偏离现象。其根源在于，目标管理体制下的行政任务考核呈现量化特点，围绕量化的指标任务，压力型体制的运行可分为四个阶段，即指标与任务的确定、派发、完成和评价。[①] 在纵向纪检监察组织考核体系中，市纪委监委确定并派发平台建设的任务和目标，并责令基层纪检监察组织如期完成。随后，县级纪检监察组织继续向下确定并派发基层公权力监督平台的建设和使用任务，并对其建设和使用成果进行量化评价，纳入乡镇纪检监察组织年度考核中。在此过程中，县级纪检监察组织对监督平台建设指标不断加码，以确保监督平台符合甚至超过考核要求，尽可能在任期内积累政治资源。

在市级纪检监察组织对数字技术应用情况和数字监督绩效的考核压力下，基层纪检监察组织锚定数字技术应用的考核目标。基层纪检监察组织不断细化数字监督程序，注重监督业务办理的流程建设等考核环节。数字监督过程的自我精细化和形式化趋势逐渐强烈，甚至出现数字监督高成本与监督效能低收益并存的局面。[②] 数字监督需要基层政府能够提供比较雄厚的财政能力支撑，由于基层公权力监督平台的前期投入和后期维护成本比较可观，随着基层公权力监督平台设施越来越先进和精细，村级监察信息员规模日趋增加，支撑监督网络运行的行政成本也不断攀升。

数字监督内卷化风险将导致数字监督实践过程的价值分离。在面临内卷化风险时，乡镇纪检监察组织将数字技术从手段转变为目的，数字监督实践过程的效率目标转变为监督平台建设考核的政绩目标，进而将组织注意力转向为应对上级政府组织考核，而非有效监督其内部权力。同时，数字监督过程的价值分离将会进一步加剧地方政府的法治悖论，即地方政府的经济逻辑和政治逻辑优先于法治逻辑[③]，不利于提升基层监督的法治化水平。此时，乡镇纪检监察组织的首要目的并非以数字技术实现基层权力运行过程的法治化，而是实现上级政府绩效考核目标，即满足政治要求。

---

① 荣敬本：《从压力型体制到民主合作型体制——县乡两级政治体制改革》，北京：中央编译出版社，1998 年版，第 30-33 页。

② 肖唐镖：《中国技术型治理的形成及其风险》，《学海》，2020 年第 2 期，第 76-82 页。

③ 陈国权、陈晓伟：《法治悖论：地方政府三重治理逻辑下的困境》，《社会科学战线》，2019 年第 9 期，第 196-202 页。

2. 数字监督的信息操纵风险

效率导向的数字监督依托清晰的数据基础，全面精确的监督信息是基层监督的重要依据。在运用技术提升基层监督效能的过程中，村级监督组织会利用数字技术采集、汇总和上传小微权力监督相关问题信息，基层监督实践呈现为各种各样的信息活动。数字技术通过识别和处理源源不断的问题进而把社会呈现在国家面前。[1] 但数字技术的工具理性与技术操作者的非理性具有内在矛盾，进而出现数字监督过程的信息操纵风险。技术操作者使用数字技术的过程并非理性而中立的，而且数字技术将复杂而微妙的社会事实转化为简单可操作的信息符号，容易导致大量有价值信息的流失。[2] 在使用数字监督的过程中，技术操作者出于个人的非理性目标有意压缩监督数据的信息密度，乡镇纪检监察组织获取的监督信息效度也有所下降，进而引发基层监督信息操纵风险。

但数字监督的信息操纵风险是难以避免的，究其原因在于基层纪检监察组织难以控制基层监督数据的采集环节。村级监督组织具备数据传感器的功能，却不具备技术工具的纯粹理性。村务监督委员会主任等监督主体容易受人情社会环境影响，使基层监督数据模糊化和监督信息冗余无效。在农村基层社会的社群伦理和乡镇纪检监察组织的考核压力下，村级监督组织的监督主体不得不在监督信息收集和上报时采用策略性应对方法，操纵监督信息实质内容，以平衡双方压力影响。

基层监督信息操纵风险将提高基层纪检监察组织的监督信息成本，降低监督信息的准确性，进而影响基层监督效能。一方面，乡镇纪检监察组织收集获取了与小微权力相关的大量数据信息，扩大了监督信息基础；另一方面，乡镇纪检监察组织投入了大量成本以筛选有效信息，为小微权力监督提供信息参考。因此，高成本监督信息分流机制使得基层纪检监察组织的信息成本不降反升，监督组织从大量监督信息中精准获取有效信息的行政成本提高，

---

① 彭亚平：《技术治理的悖论：一项民意调查的政治过程及其结果》，《社会》，2018 年第 3 期，第 46—78 页。

② 韩志明：《技术治理的四重幻象——城市治理中的信息技术及其反思》，《探索与争鸣》，2019年第 6 期，第 48—58 页。

进而影响整体性的基层监督效能。

3. 技术赋能监督组织的非均衡性

数字技术实现了对政府监督组织和社会监督组织的双重赋能，但具有明显的非均衡性。国家治理中的数字技术通常具有双面性，它既可以用于国家权力监控体系，实现国家对信息的有序化收集、储存和控制，为国家对个体和社会直接监管提供信息基础，满足行政目标；又可以维护公民权利保障制度，实现公民网络技术维权。[①] 对政府监督组织而言，数字技术仅仅改变了政府组织内部的行政流程，却并未改变政府权力的结构、边界和运行机制，数字技术将总体性的问题分解为单个的操作性事项，利用信息化手段来予以监测和计算以及交流信息，用技术的任务逻辑替代官僚体制的程序逻辑。[②] 但对社会监督组织而言，政府组织利用数字技术固化了监督信息传递和公民利益表达的渠道，消解了公民非常规性表达造成的治理体制压力。

在一些数字监督实践中，数字技术的非均衡性赋能根源于数字技术应用与小微权力监督制度建设的偏差。基层纪检监察组织利用数字技术建立监督平台，平台成为政府监督组织连接农村社会监督组织的核心枢纽，实现了自上而下专责监督力量的强化。但村级小微权力制度的规范性建设滞后于技术应用，数字技术悬浮于村级权力监督制度之上，村庄内部的村级监督组织成为行政化扩张的组织基础，村民成为反腐败举报的主体，民主监督力量完全依托于行政监督力量。在既定的数字监督框架中，村级监督组织和村民向上级政府组织反馈监督信息、举报腐败行为，乡镇纪检监察组织拥有腐败查处的主动权，两者之间存在利益冲突风险。这将会导致村庄内部的村民自治空间压缩，村民自治能力退化。民主监督是村民自治的重要组成部分，也是村民自治的薄弱环节，村级小微权力监督制度常年处于制度空转状态，难以形成村庄权力结构闭环。在数字技术应用后，乡镇纪检监察组织将行政监督嵌入农村社会，村级监督组织和村民的民主监督力量有所强化，村民反腐败意

---

① 肖滨：《信息技术在国家治理中的双面性与非均衡性》，《学术研究》，2009 年第 11 期，第31-36 页。

② 韩志明：《技术治理的四重幻象——城市治理中的信息技术及其反思》，《探索与争鸣》，2019 年第 6 期，第48-58 页。

愿增强。但村级权力监督制度建设的滞后性使得村民参与村庄内部权力监督的机会损失、主动性下降，违背了基层农村社会治理的共建、共治、共享目标。

二、数字监督的优化策略

基层纪检监察组织运用数字监督村级小微权力的实际效能包括提高基层监督业务办理效率、加强上级纪检监察组织问责与领导能力、增强村级监督组织的监督力量等。但是，数字监督村级小微权力也具有一定的局限性，数字监督实践整体上仍然存在待改进之处。因此，基于考核体系、信息质量和均衡性赋能的三维视角，结合以数字监督村级小微权力的局限性，本书从优化数字监督绩效的考核体系、优化监督信息的筛选技术、以制度建设推进技术均衡性赋能三个方面提出优化策略。

1. 优化数字监督绩效的考核体系

在压力型体制下，上级政府组织对下级政府组织的绩效考核是保障组织目标实现的重要手段，也是引发数字监督绩效内卷化的核心因素。在上级政府组织的考核导向下，基层纪检监察组织容易面临数字监督绩效内卷化风险，进而出现高成本下的弱监督效能。因此，市级纪检监察组织应该优化对基层纪检监察组织的考核体系，重点考核基层纪检监察组织应用数字监督的实际绩效。同时，引入公民评价机制，构建自上而下考核与自下而上评价相结合的综合性考评体系。

其一，细化基层监督效能指标，明确数字技术应用的核心目标。由于乡镇纪检监察组织利用数字技术的目标是提升基层监督业务办理效率，上级政府组织对其确立的考核指标应该是基层监督业务办理效率，而非监督平台建设的完善性和程序精细程度等形式内容。同时，作为党和国家的专责监督组织，基层纪检监察组织应服务于党政组织的整体性监督目标，以数字技术实现国家与社会的监督力量整合，净化基层政治生态。上级政府组织应该将整体性监督效能作为基层纪检监察组织的考核目标。

其二，建立村民评价机制，拓展对数字监督实践的考评维度。村民是评价数字监督效能的重要主体，也是村庄内政治生态的直接体验者。在应用数字技术构建农村基层监督体系时，村民作为民主监督力量的重要组成部分，应该积极参与数字技术应用实践。村民评价制度将改善基层纪检监察组织运用数字技术时"唯上不唯下"的行为导向，建立起以村民为服务对象的数字监督理念。乡镇纪检监察组织应该定期回访村民，了解村民对数字监督实践的民意反馈。

2. 优化监督信息的筛选技术

优化监督信息的筛选技术是增强基层监督效能的重要策略，其核心在于利用数字筛选技术提高监督信息数据的规范性和可信性。在技术治理中，冗余信息可简单归纳为两类，一类是重复性信息或错误性信息，一类是无法归类、分流处理的信息。[①] 基层纪检监察组织难以避免监督信息采集过程中的信息操纵风险，但应该以信息标准建设、监察信息员培训考核和数字技术优化等减少冗余信息出现概率。

其一，完善基层监督信息采集标准。数据标准是乡镇纪检监察组织筛选有效监督信息的重要依据，有助于降低后期监督问题线索的筛选成本。基层纪检监察组织应该建立起严格的监督信息采集标准，明确基层监督信息采集的范围、流程、内容等要素，确保基层监督问题信息采集的可操作性和规范性。此外，监督信息采集标准应该与村级小微权力清单等既有制度规范相匹配，以确保信息标准的可靠性和适用性。

其二，加强监察信息员培训考核工作。作为乡镇纪检监察组织延伸至村庄的专责监督人员，村级监察信息员应该具备小微权力监督的专业性。首先，乡镇纪检监察组织应普及村级小微权力监督相关的法律法规，提升村级监察信息员的法治意识。其次，乡镇纪检监察组织应该定期开展村级监察信息员的业务培训工作，增强其对监督信息的采集能力和辨别能力，尽可能消解农村社群规范造成的监察信息员行为偏差。更重要的是，乡镇纪检监察组织应该建立起村级监察信息员考核体系，以监督数据的数量和质量作为考核标准之一，实行监察信息员动态退出制度以确保基层监督人员专业性。

---

① 张现洪：《技术治理与治理技术的悖论与迷思》，《浙江学刊》，2019 年第 1 期，第 160-165页。

其三，优化大数据技术分析研判能力。数字技术对基层监督数据的分析研判是检测基层监督数据可信度的重要手段之一。基层纪检监察组织应借助大数据技术等分析监督数据，开发基层监督的数据价值。具体而言，组织可以利用大数据技术对各类数据信息进行整合，实现各类数据的交叉复现，检验已有数据的真实可靠性，克服数据可信度偏弱等问题，进而提高信息的决策参考价值。[①] 通过对各类数据库的分析研判，基层纪检监察组织得以发现监督信息漏洞，以便提前开展小微权力监督工作。

3. 以制度建设推进技术均衡赋能

在基层监督中，基层纪检监察组织应该通过村级权力监督制度建设，消解数字技术赋能监督组织的非均衡性，拓展民主监督路径。当前，绝大多数村民始终认为村支书是村庄事务的决策核心，对村务参与的评价较低，对村务公开信息持怀疑态度，农民的村务管理参与率相对较低。[②] 一般而言，在分离的权力之间建立制约关系可以防止权力滥用专断，建立协调关系可以保障权力运行效率。[③] 基层纪检监察组织应该以数字技术完善村务公开制度，优化村务监督委员会制度，实现村内民主监督制度的有效运转，既能制约权力又能高效运用权力，进一步提升村民的村务参与积极性。

其一，以数字技术完善村务公开制度。村务公开制度是村民参与重大工程项目、土地征收和扶优资金发放等村级事务的重要制度依据，保障村民以制度化形式有序开展民主监督。基层纪检监察组织应该以数字技术完善优化村务公开制度，通过村务公开微信群、村务在线公开平台等展示村务关键信息，保障村民的知情权和监督权。另外，基层纪检监察组织应该实行村务无现金化管理，进行村级资金资产在线划拨等事项，实现资金流转数据留痕，便于查阅查询。

其二，拓展监督主体和监督方式，优化村级监督组织。当前，村务监督

① 孟天广、赵娟：《大数据驱动的智能化社会治理：理论建构与治理体系》，《电子政务》，2018年第8期，第2-11页。

② 肖唐镖：《技术型治理的基层实践——中国城乡治理研究》，天津：天津人民出版社，2021年版，第27-28页。

③ 陈国权、皇甫鑫等：《功能性分权：中国的探索》，北京：中国社会科学出版社，2021年版，第58页。

委员会与村级监察联络站、村级监察信息员队伍共同构成"三位一体"的村级监督组织，它们与乡镇纪检监察组织的监督业务联系更紧密，组织监督力量有所强化。为了进一步增强基层监督能力，村级监督组织应该拓展监督主体与监督方式。从监督主体角度而言，村级监督组织应该将更广泛的村民代表纳入村级监察信息员队伍，拓展监督主体的代表性，增强监督主体与村民的非正式联系。从监督方式角度而言，村级监督组织应该充分利用数字技术，密切与村民群体联系，实时了解村民利益诉求与信息动态。同时，村级监督组织应该以价值理性弥补数字监督工具理性的价值缺陷，坚持法治为本，进一步推进农村基层监督的法治化水平，发挥道德规范的约束功能，探索农村基层权力道德调控的有效方式。[1]

---

[1]　卢福营：《基层群众自治视野下的村级权力调控制度创新——浙江省武义县后陈村村务监督委员会制度调查》，《杭州师范大学学报（社会科学版）》，2014 年第 6 期，第 93–98 页。

第七章 "枫桥经验"与基层监督

基层是国家治理的基础和重心，作为全面从严治党的"最后一公里"，基层的清正廉洁对于推进清廉中国建设至关重要，基层监督现代化直接关系到国家治理现代化的实现程度。实际上，将新时代"枫桥经验"创造性运用于基层监督中既有理论上的契合性，也有实践上的可行性。

第一节 "枫桥经验"的发展脉络与深刻内涵

自 1963 年毛泽东同志批示学习推广"枫桥经验"，至今已有 60 年的历史。总的来说，"枫桥经验"60 年的发展既是一个充满历史延续性和不断积累的制度传统[1]，又是在长期的创新和转化过程中不断丰富的治理实践和治理思想。从 60 年的历程来看，"枫桥经验"的发展大致可以分为以下三个阶段。

第一，"枫桥经验"的形成阶段。"枫桥经验"诞生于 20 世纪 60 年代的社会主义教育运动中，当时枫桥通过发动和依靠群众，通过说服教育的办法，就地教育改造"四类分子"、改造流窜犯，创造了"捕人少，治安好，矛盾不上交"的"枫桥经验"。毛泽东同志批示"要各地仿效，经过试点，推广去做"[2]，

---

[1] 汪世荣：《"枫桥经验"视野下的基层社会治理制度供给研究》，《中国法学》，2018 年第 6 期，第 11-18 页。
[2] 《毛泽东年谱（一九四九——一九七六）》第五卷，北京：中央文献出版社，2013 年版，第 283 页。

成为当时公安政法战线的一面旗帜。

第二，"枫桥经验"的发展阶段。在"文革"时期，"枫桥经验"几乎消失殆尽。然而，枫桥的人们依然顶着压力，坚持不断探索和发展"枫桥经验"。改革开放后，枫桥运用"枫桥经验"帮教失足青年，在全国率先为"地、富、反、坏"分子摘帽，取得了良好效果。随后，坚持"枫桥经验"基本精神不动摇，开展社会治安综合治理，并根据形势变化不断赋予其新的时代内涵，"枫桥经验"显示出了持久旺盛的生命力。坚持依靠群众，预防化解矛盾、维护社会稳定，做到小事不出村、大事不出镇、矛盾不上交，成为维护社会稳定的宝贵经验。

第三，"枫桥经验"的创新阶段。2013年习近平总书记对坚持和发展"枫桥经验"作出重要指示，强调："各级党委和政府要充分认识'枫桥经验'的重大意义，发扬优良作风，适应时代要求，创新群众工作方法，善于运用法治思维和法治方式解决涉及群众切身利益的矛盾和问题，把'枫桥经验'坚持好、发展好，把党的群众路线坚持好、贯彻好。"[①]平安建设、法治建设、便民服务、基层治理等一系列新理念、新思路、新探索、新实践都广泛运用和创新了"枫桥经验"，使"枫桥经验"日益成为社会治理的典范，被多次写入党和国家的重要文件。新时代，坚持"枫桥经验"的根本就是坚持"党建统领、人民主体、三治融合、四防并举、共建共享"。从本质上来说，"枫桥经验"作为一种地方性知识，在全国具有普遍的意义，它既是枫桥的、诸暨的、浙江的，也是全国的。[②]

总的来说，"枫桥经验"诞生于社会主义建设时期的社会改造，形成了"矛盾不上交"的实践经验；发展于改革开放时期的社会治安综合治理，确立了"小事不出村、大事不出镇、矛盾不上交"的核心特征；创新于新时代基层社会治理，明晰了"党建引领、人民主体、三治融合、四防并举、共建共享"的基本内容。60年的发展历程，"枫桥经验"发生了新变化、探索了新做法、开

---

① 习近平：《把"枫桥经验"坚持好、发展好把党的群众路线坚持好、贯彻好》，《人民日报》，2013年10月12日01版。

② 陈立旭：《现代治理与传统的创新性发展——"枫桥经验"的启示》，《治理研究》，2018年第5期，第11-18页。

辟了新境界、形成了新经验,① 是一个由点及面、不断辐射、与时俱进的过程,尽管其对象、方式、形式随着时代不断发展,但其内核不变,即坚持党的领导、抓早抓小抓源头、发动和依靠群众促使矛盾在基层化解。从这个角度来说,"枫桥经验"既是一种治理工具,也是一种治理思维。坚持和发展"枫桥经验"对于地方善治意义重大。②

第二节　新时代"枫桥经验"与基层监督的内在关联

"枫桥经验"创新于新时代的基层社会治理,明晰了"群众参与社会治理"的治理实践。党的十九届四中全会正式把"枫桥经验"写入《中共中央关于坚持和完善中国特色社会主义制度　推进国家治理体系和治理能力现代化若干重大问题的决定》,这标志着"枫桥经验"这一系统的治理方案的制度化转型。"枫桥经验"60 年的发展历程,是一个由点及面、不断辐射、与时俱进的过程,尽管其对象、方式、形式一直在变,但其内核不变,即抓早抓小抓源头,发动和依靠群众促使矛盾在基层化解、问题在乡镇解决、风险从源头把控。换言之,"枫桥经验"既是一个充满历史延续性和不断积累的制度传统,又是在长期的创新和转化过程中不断丰富的治理实践。

"枫桥经验"的深刻内涵与权力监督的基本要求不谋而合,二者间具有极强的关联性。"枫桥经验"的核心是矛盾化解,但一个自身作风不正、贪污腐化的党员干部去调节矛盾,能有公信力吗? 所以,矛盾调处的背后,是以基层干部的纪律意识、规矩意识、廉洁用权、秉公办事为支撑的。又比如,坚持发动和依靠群众,对矛盾早发现、早解决,是"枫桥经验"的实践精髓。这与基层纪检监察工作广泛依靠群众监督、抓早抓小、防微杜渐的工作方式是相通的。2004 年 7 月 27 日,时任浙江省委书记的习近平同志曾指出:"通过

---

① 金伯中:《新思想孕育新经验——对新时代"枫桥经验"的一点认识》,《公安学刊(浙江警察学院学报)》,2018 年第 1 期,第 15-18 页。

② 吴锦良:《"枫桥经验"演进与基层治理创新》,《浙江社会科学》,2010 年第 7 期,第 43-49 页。

加强监督和纪律教育，力求对一些干部的问题早发现、早提醒、早制止、早纠正，做到关口前移，未雨绸缪，防患于未然，这实际上是对干部关心爱护的最好体现。"①这一讲话也为将"枫桥经验"运用于基层监督指明了方向，即坚持源头预防的理念和抓早抓小的思路，再加上党建引领的路径和群策群力的方法，构成了"枫桥经验"与基层监督的内在一致性。

一、坚持党的领导的原则，构建统筹协调的基层监督体系

党的领导是坚持和发展新时代"枫桥经验"的根本保证，因此必须推动基层党建与基层治理有机衔接，构建党统一领导下覆盖全面、权威高效的基层监督体系。党政军民学、东西南北中，党是领导一切的。中国共产党的领导是中国特色社会主义最本质的特征，中国特色社会主义制度的最大优势是中国共产党领导。在权力监督领域，就体现为党对健全党和国家监督体系全覆盖、全方位、全过程的领导，创建"党建+"模式，有效整合监督力量。落实到基层监督，首先就体现为中国共产党对多种监督力量的统筹协调。在基层，有多种监督力量对公权力进行监督，如人大监督、政协监督、纪委监委监督、群众监督、媒体监督等等。这些监督力量的分散运行不利于监督效能的整体发挥，所以就需要党将这些监督力量统筹协调运用。在统筹协调的过程中，这些监督力量各有优势，例如群众监督具有广泛性和细微性，来自上级的纪委监委的监督具有严肃性和震慑性，来自媒体的监督具有扩散性，等等。而党对监督力量的统筹协调实际上可以最大限度地发挥各种监督力量的优势，形成监督合力，在实现全面覆盖的同时，增强监督体系的权威性和高效率。需要注意的是，党对监督力量的统一领导根本上是为了加强中国共产党的领导，维护党的权威性。只有坚持好党的统一领导，加强党建引领与统筹，才能更好地落实党政机关的执行、纪委监委的监督保障以及群众自治的有效补充。

在我国，党性与人民性高度统一，坚持以人民为中心的发展思想根本上

---

① 习近平：《关口前移，惩防并举》(二〇〇四年七月二十七日)，《之江新语》，浙江人民出版社，2007年版，第69页。

还在于坚持中国共产党的领导。中国共产党与西方政党不同，中国共产党代表了最广大人民群众的根本利益，人民的利益就是党的利益，这从党的执政方针和政策便清晰可见。在西方国家，政党是部分人基于各自利益的需要集合而成的参政组织，这就不可以避免地导致政党只代表部分人的利益，而无法代表全体人民的利益。在此情况下，西方政党的政策导向也就必然会影响部分人的利益，通过政党竞争选举进行利益分布的重构。而中国共产党长期执政，自新中国成立以来就不存在政党竞争的问题，因此加强党对基层监督的统一领导在本质上就是加强人民对基层公权力的监督，更好地实现人民的利益。总之，要加强党的统一领导，实现监督成效让群众评判、监督成果让群众共享，不断提高人民群众的获得感、幸福感、安全感，让群众感受到全面从严治党就在身边。

作为"枫桥经验"的发源地，绍兴市纪委监委着力推进的乡镇纪检监察规范化建设就体现为在坚持党的统一领导下的深化国家监察体制改革、推动全面从严治党向基层延伸。在规范化建设的过程中，始终坚持在基层监督实践中实现党的统一领导全覆盖、全过程、全方位。党委履行主体责任，各级纪委监委履行协助职责，具体牵头推进工作落实。在党的领导总框架下，建立党政机关落实执行、纪委监委监督保障、人民群众自治的制度体系，从而展示出中国特色社会主义制度不同于西方所谓的基层治理、乡村治理的无比优越性。同时，绍兴在坚持党的统一领导方面，还体现为对各种力量的统筹，例如通过基层党建引导群众参与监督，通过党建打通各种数据库形成统一的基层公权力监督平台，通过党建来贯通"四责协同"，等等。政治监督全覆盖是加强党的领导的重要举措，嵊州市各级纪检监察机关充分发挥"监督保障执行、促进完善发展"的作用，不断推动政治监督向纵深发展、向基层延伸，其主要做法有：以立项监督为切口，推动政治监督有重点、见实效；以"1+3"清单为引领，推动政治监督具体化常态化；以"双联动两清单"为载体，推动政治监督向镇村延伸；以廉政档案为抓手，推动政治监督精准"画像"。

二、秉持源头预防的理念，提升基层监督的能力水平

源头预防即本源治理，"枫桥经验"有源头预防的传统。历史上的发动群

众对"四类分子"、流窜犯、失足青年等进行思想教育实际上就是源头预防的典型。随着时代的发展，源头预防的理念也在扩展。在新时代，将"枫桥经验"源头预防的理念运用到权力监督中，就是以法治思维和法治方式将权力限定在规范化的轨道上，从而全面提升基层权力监督的能力。习近平总书记曾在 2013 年对"枫桥经验"作出重要批示："各级党委和政府要充分认识'枫桥经验'的重大意义，发扬优良作风，适应时代要求，创新群众工作方法，善于运用法治思维和法治方式解决涉及群众切身利益的矛盾和问题。"①因此，"枫桥经验"的源头预防理念与基层监督以法治思维和法治方式将权力限定在法定的轨道上具有内在统一性。此外，技术的进步也为源头预防提供了可能，运用现代数字技术将权力运行留痕并实现数字预警，也可以较好地实现源头预防。总之，基层治理受诸如硬件设施、人员素质、转岗干部业务不熟练等客观条件的限制，基层治理的专业性难以保障，而权力运行的规范化建设和权力监督的数字化技术可以在一定程度上降低权力失范的风险，提升基层治理和基层监督的整体水平。

第一，制定权责清单，明确权力边界。权责法定是法治中国建设的基本要义，将权力、责任和不可为事项勘定在特定的范围内可以有效地约束权力的任性和防止权力不作为。"权力是个好东西"，权力的积极性可以带来较大的治理效能，但权力容易任性，如果不给权力以边界，则可能扰乱公权力的整体运行秩序抑或是对权利造成侵害。同时，权力是履责的工具，如果没有权力，那么责任的履行就会出现诸多不畅，甚至会存在不作为的现象。因此，在制度上将各主体的权力、责任和不可为事项界定清楚，可以将权力主体的自由裁量权限定在合理区间，从根源上防止权力的滥用专断，让所有权力都在受约束的环境下运行；同时，权责清单也是对公共事务的划分，规定了权力主体的法定职责，必须作为。纪检监察部门监督权的规范化行使同样重要，一是监督权的规范化行使可以保证基层监督的专业性，二是可以给监督对象带来制度上的安全感。

---

① 习近平：《把"枫桥经验"坚持好、发展好把党群路线坚持好、贯彻好》，《人民日报》，2013年 10 月 12 日 01 版。

在绍兴市乡镇纪检监察规范化建设中，权力清单、责任清单、负面清单的大量运用，实际上都是明确权力边界、对权力的可为与不可为进行规范化的重要举措。一是以权责清单勘定监督对象的权责边界。柯桥区针对村级小微公权力制定了权力清单，共梳理主要事项 38 条，包括重大决策类权力清单、日常管理类权力清单、便民服务类权力清单。同时，制定出台了《柯桥区村级党组织落实主体责任清单 27 条》《柯桥区村监委落实监督责任清单 30 条》，细化村党委、村党委书记及班子成员和村监委的个性化履职要点，重点突出对小微权力的严密管控。在村干部言语、行为等方面，制定了《"三合适"村干部言行负面清单》，廓清了干部言行举止的边界。嵊州市也制定了村级权力清单二十八条，在制度上理清了村干部有何权力以及滥用权力后的后果，有效地防止了村干部权力的失控。在负面清单方面，嵊州市制定了《村居干部履职红线"二十八条"》，从政治纪律、政治规矩、中央八项规定精神、工作纪律、集体资金管理、项目建设管理、个人生活等多个方面规定了行使权力和履行责任的红线。此外，嵊州市还制定了多项失责追究办法，这也是促使村居干部认真履责，防止不作为和乱作为的重要举措。上虞区也通过制定村级事务小微权力清单规范了农村基层小微权力运行，强化了权力的监督制约。诸暨市制定了领导班子成员和基层站所负责人廉洁履行职责负面清单，规定了在村级事务管理中哪些事情不能做，以不可为来约束权力。上虞区紧盯农村集体"三资"管理、村级工程建设、奖补资金发放等重点领域，厘清权力边界，精准日常监督，给基层小微权力运行戴上"紧箍咒"，围绕人、财、物管理等关键环节和重点事项，对村级小微权力进行了全面梳理。二是以权责清单勘定监督主体的权责边界。绍兴市规范了乡镇纪委监察办履职要求，开展乡镇（街道）纪检监察干部、监察信息员清单式履职。同时，绍兴市纪委认真落实"四责协同"，制定了街道党工委落实主体责任清单、街道党工委书记落实第一责任人责任清单、街道班子成员落实"一岗双责"责任清单、街道纪工委监察办落实监督责任清单、村级党组织落实主体责任清单、村监委落实监督责任清单，以明确各个权力主体在基层监督实践中需要履行的责任。越城区在落实绍兴市纪检监察权责清单的基础上，编写了《基层纪检组织案件办理业务指南》，规定了镇街纪（工）委、监察办公室工作职责和权限，强化了镇街纪检监察工作的法治思维。新昌县针对基层微权力管控，始终盯牢第一责任人和班子成员，出台了同级监督、村级监督各30项任务书，明确监督的重点、方法和路径，对于违纪行为，动则获咎，充分以不能腐的机制先导打通不想腐的精神脉络。

第二，明晰运行流程，建立程序制约。程序是权力发挥效能的必要条件，权力的运行、制度的执行是治理体系和治理能力现代化的根本要义。权责清单为权力的规范行使提供了有效指南，而运行流程的规范化则是程序制约权力的重要方式。所谓程序制约，是指以法定的形式规定权力运作的程序，保障公权力执掌者在行使公权力过程中不易腐、不能腐。因此，以程序制约落实"枫桥经验"源头预防的理念具有可行性和契合性。与权责清单的构建不同，程序制约机制不是在权力本身和权力结构上做文章，而是在权力运行上做文章，其根本是将权力的运行限定在合法的轨道上。对于基层而言，程序制约的必要性更强，这是因为基层监督会受制于专业化水平从而降低监督规范化程度，而程序规范化则为权力运行提供了操作指引，从而在一定程度上改善了这一问题。同时，相对事后的问责或腐败查处，程序制约具有事中约束的功能，这样可以有效地避免腐败发生带来的经济社会损失。总之，程序就是制约，一步不能省，在权力运行过程中不能搞简易程序。当然，程序制约也可以分为对监督对象的程序制约和对监督主体的程序制约，对监督对象的程序制约可以将公共事务管理权力限定在运行轨道中，防止脱轨带来的权力失范问题；而对监督主体的程序制约可以保证监督主体合理使用监督权，提高监督效能，以免造成对监督对象的过度监督或不当监督。

绍兴市在基层监督的实践中，针对监督对象，制定了详细的权力运行规范。多以图表的形式形象地展现了权力行使的全过程，给予权力主体操作指引，防止操作失范。柯桥区大山西村围绕村级重大决策事项、组织人事事项、村级采购事项、财务管理事项、印章管理事项、三务公开事项、三资管理事项、民政社保事项、户口管理事项、社会管理事项、社会保障事项、计生服务事项、建房审批事项共13类事项制定了详细的流程图，干部群众只需要遵循这一流程即可完成事项的办理，在提高便捷性的同时，对这些权力的运行限定了轨道，防止村干部通过增加程序和删减程序形成权力寻租或腐败现象。

在诸暨、上虞、嵊州、越城、新昌等区县都制定了相关的权力运行流程图，以配合权责清单，保证权力的规范化行使。针对监督主体，绍兴市纪委监委制定了详细的操作指引。绍兴市纪委制定了5项"操作指引"，分别为"规范化建设操作指引""办案（党纪案件篇）操作指引""办案（政务案件篇）操作指引""信访举报办案操作指引""'第一种形态'运用及党纪政务处分执行工作操作指引"，围绕日常监督、信访调查、问题线索处置、审查调查、案件审理等统一制定"操作指引"，全流程全方位规范乡镇（街道）纪检监察工作，以保证监督权的正确行使，防止监督权的滥用专断。

第三，打造数字监督，形成预警机制。包括互联网、大数据、云计算等在内的数字技术已深深融入政务运行，以权力监督的智慧化提升权力监督效能在实践中的可行性，这也是实现"枫桥经验"源头预防最具时代性和有效性的方式之一。之所以数字监督可以有效实现源头预防，主要有以下三点原因。一是数字监督实现了全过程监督。将数字技术应用于政务运行的基础就是权力运行在线化。政务信息的生成、流转都在数字平台上运行，就不可避免地产生权力运行痕迹，依据这些痕迹及其回溯机制可以较好地实现对权力的全过程监督，包括权力运行过程中的规范化以及事后追究等。二是数字监督实现了实时监督。在传统的监督实践中，监督通常发生在事后，更多的是事后的问责，但事后问责的成本很高，不仅会给社会及公权力运行带来成本，还会给权力监督本身带来成本。而数字监督发生于权力运行的过程中，一旦出现与系统设定不符的现象则可立即发出提醒，及早发现并处置权力运行的失范行为；运用数字监督平台，甚至可以通过趋势分析进行风险预警。三是数字监督通过数据的共享与整合打破了传统监督中"信息不对称"的困境。信息是监督的必要条件，没有信息，监督就无从谈起。在传统的监督中，始终存在着"信息不对称"的问题，即监督对象的实际信息与监督机关所掌握的信息之间的不对称，信息的不对称会导致基层监督过程中不能对监督对象的所有违纪违法行为进行监督，甚至在提取信息时会出现"打草惊蛇"的情况。而数字监督首先可以建立所有监督对象的数字档案及其关联档案，为纪检监察办案提供基层信息；其次，可以在数字监督平台上打通各种数据库，通过对数据的分析，发现异常值，从而还原权力失范的过程，实现对权力的监督。因此，把"枫桥经验"的基本精神与现代科技相结合具有可行性，可以更好地把制度创新和科技创新成果转化为基层治理效能，实现对权力运行失范行为进行源头预防。

建立基层公权力监督平台，推行数字监督是绍兴基层监督实践的一大亮点。基层公权力监督平台试图让数据"站岗"，定时"扫描"，实行"预警"，从而提升基层监督的灵敏度和精准度。2018年8月，绍兴市在柯桥和诸暨试点基层公权力监督平台，到2019年年底在全市范围内推广。绍兴基层公权力监督平台由四大系统组成，基础信息系统采集了所有监察对象、党员的包括工作简历、社会关系、出国(境)证照使用等基础数据；囊括了基层纪检监察工作核心内容，如检举控告、问题线索、纪律处分、谈话函询等电子档案；可以实现公共资源交易、基层综合治理等信息的即时调取，为审查调查提供基础保障；同时，法纪条规、案例模板、查审联席会议纪要等工作依据也即点即查。业务操作系统则聚焦纪检监察核心业务的在线流转，实现信访举报、问题线索、案件审理、党风政风监督、巡察监督等业务线上交办转办、审批审核；同时，村级监察工作联络站和乡镇职能线办的监督信息通过微信公众号直报平台、动态采集，乡镇纪委监察办可分析研判监督信息并实现向上转报或平行交办，市纪委监委机关、乡镇纪委监察办、派驻机构、巡察机构通过平台实现信息互通、问题互商、力量互补，有力助推基层监督全覆盖。政治画像系统则聚焦可视化功能，通过采录各行政村和村主职干部监督信息生成网状雷达图，根据画像"残缺"程度开展分色预警；以统计表、趋势图、柱状图等直观形式呈现核心业务，工作成效一目了然。清廉建设系统则主要在平台上展示镇村推进清廉村居建设图文资料，供各乡镇互相参考借鉴。需要注意的是，基层公权力监督平台不仅是上下级之间需要交办的操作提醒和业务链接，也是多个平台之间的互联互通。平台整合了"三资"监督管理、"小微权力"监督管理、工程招投标监督管理等系统，建有公职人员廉政档案库、乡镇村社监察对象信息库。通过数据导入、业务流转、统计分析、电子归档、信息继承、自动关联、预警提醒，实现了网上流转、分派处置、实时监控，大大提高了监督效率。

三、遵循抓早抓小的思路，遏制权力运行失范的苗头

无论是社会主义教育运动中的"矛盾不上交"，还是社会治安综合治理中的"小事不出村，大事不出镇"，都体现了"枫桥经验"抓早抓小抓苗头的思路，将矛盾就地化解。就权力监督和腐败治理而言，抓早抓小抓苗头就更有必要性。从腐败性质来看，腐败本身具有扩散的性质，一旦一个干部坠入腐败的深渊，如不及时制止则有可能发展成大的腐败甚至形成腐败同盟，造成恶劣的社会影响、奇高的反腐成本，破坏当地的政治生态。从腐败危害上看，小微腐败对于整个公权力体系以及社会造成危害相对较小，但大的腐败不仅会带来严重的经济损失，还会损失公权力的公信力。从治理难度上看，小微腐败治理难度较低，所需要的信息也相对较少，可以更多地依靠群众力量予以解决；同时，及早发现小微腐败的形成，可以以小微腐败对应的小处罚最大限度地挽救干部，使其悬崖勒马。因此，对于腐败和权力运行失范问题，必须抓早抓小，将这些问题控制在苗头阶段，严防腐败的扩散。那么，遏制权力失范与权力腐败苗头的关键就在于把权力监督工作做细，对权力运行失范问题进行分类处置。针对不同的问题，采取不同的处置方式；针对不同的环节，采取不同的处置方式。秉承治病救人的原则，对干部身上的小微问题及时发出预警、督促整改，防止小错酿成大错。这就需要盯紧作风细节，强化干部的日常管理工作，把问题纠正在萌芽状态。

绍兴针对抓早抓小做了一些探索，主要聚焦在四个方面。第一，有效运用监督执纪"四种形态"。通过"四种形态"的监督调查处置，有效地把矛盾化解在基层、调处在民间，实现案结事了、定纷止争的政治、纪法和社会效果。"四种形态"涵盖了从批评教育到移送司法的广阔地带，需要精准把握好适用"四种形态"的不同条件和工作标准，明确政策界限，区分不同情况，坚持分类处置。"四种形态"的第一种形态以教育警醒为主，第二种形态以轻惩戒为主，绍兴市纪委监委在着力运用"第一、二种形态"上下功夫，发现党员干部苗头性、倾向性问题及时批评提醒、谈话函询，实现了抓早抓小、防微杜渐。综合运用第二、三种形态，防止一般违纪违法发展成犯罪行为；果断稳妥用好第四种形态，使前三种形态有威慑力，让基层党员干部真正把党纪国法铭

记在心。越城区通过创建"双重谈话"等制度工具，从加强日常监督入手深入推进"四种形态"。柯桥区专门制定了《关于对党员干部开展谈话提醒的实施办法（试行）》，试图将更多的问题控制在苗头阶段。第二，创新探索涉纪信访举报"五就地"工作法。诸暨市坚持就地受理，用足用好信访举报重要渠道，精准有序受理信访举报，及时发现问题线索，健全线索发现机制；坚持就地分流，以"归口受理、分级负责"为原则，认真研判分析，落实集体会商机制，进行精准分流交办，及时回应群众关切；坚持就地办理，通过凝聚工作合力、紧盯办信质量、严格督查问责等方式，健全信访查办机制；坚持就地化解，分类施策，通过复查一批、化解一批、稳控一批，力求信访矛盾案结事了。依纪依法依规解决信访人合理诉求和实际困难，努力把信访吸附在基层、化解在基层；坚持就地分析，充分发挥检举举报平台和"基层公权力监督平台"建设成果，应用大数据定期开展信访举报综合分析，及时针对重点领域、重点问题进行专题分析，为推进清廉村居建设提供有效的信息服务。总之，将问题发现在小处，及时予以化解，以防权力失范的由小变大，实现抓早抓小的目标。第三，"望闻问切"工作法。新昌县探索运用"望闻问切"四步法，对农村政治生态把脉会诊、对症下药，切实解决群众反映最强烈的问题，将问题在基层化解。"望"即通过翻阅村两委会议记录，走访村级工程项目现场，查阅村级财务账册等对村务推进情况进行初步了解，通过开展村党员亮分制考评，查看村干部工作台账等，以便对村干部的履职情况有一个感性认知，对"苗头性"和"倾向性"问题及时抓早提醒。"闻"即通过走访、问卷、组织座谈会、整理信访举报等方式广泛了解党员、群众对村级组织和干部的评价，全面掌握农村热点难点问题，精准掌握问题现状。"问"即精准分析村干部存在问题，判断其是否存在违反村级权力运行规范、不积极抓好村级事务工作、滥用职权、以权谋私等情况。剖析农村普通党员干部是否切实履行了党员职责义务，对于存在的各类问题是否坚持斗争精神，是否积极向上级反映情况。同时，对村监会履职情况进行剖析，了解其有无按照规定对村级重大事项民主决策、农村集体"三资"管理、村级工程建设和项目管理、村干部廉洁履职等进行监督。"切"即对照党纪党规、六大纪律等规章制度，综合考虑违纪性质情节和当事人认错悔错态度，准确判断各类人员的违纪情形、责任大小，提出对违纪违法党员干部、公职人员的处理建议和对履行职责不力的领导人员的问责建议；就基层党组织建设、村级事务管理、村级财务运行等村组织问题，提出纪律检查建议和监察建议，做到宽严相济、恩威并施。第四，创新纪检监察来访接待入驻矛盾调解中心工作方法。绍兴市坚持和发展"枫桥经验"，自觉地把纪检监察工作放在经济社会发展大局中谋划、推动和落实，强化纪检监察机关在社会治理领域的担当，创新了纪检监察来访接待入驻矛盾调解中心的工作方法。纪检监察可以借助矛盾调解中心协调工作优势，组织相关部门予以联合接访，将纪检监察相关矛盾化解在基层。

四、传承群众路线工作方法，以现代治理理念增强监督效能

依靠和发动人民群众，是"枫桥经验"一以贯之的精髓。毛泽东同志在同公安部负责人谈话中强调："群众起来之后，做得并不比你们差，并不比你们弱，你们不要忘记动员群众。"①习近平总书记也在对坚持和发展"枫桥经验"的重要批示中指出："各级党委和政府要充分认识'枫桥经验'的重大意义，发扬优良作用，适应时代要求，创新群众工作方法，善于运用法治思维和法治方法解决涉及群众切身利益的矛盾和问题把'枫桥经验'坚持好，发展好，把党的群众路线坚持好、贯彻好。"②新时代，依靠和发动群众力量参与基层治理仍是重要方式，在基层监督的实践中也应如此。因此，人民群众的参与是群策群力监督的重要方法之一。同时，群策群力的"群"还有另外一重含义，即"多主体协同"，多主体协同与现代治理理念具有较强的契合性。综上，群策群力参与基层监督的过程体现着国家治理的逻辑转换和协同治理的实现逻辑。

第一，国家治理的逻辑转换。党的十八届三中全会提出将推进国家治理体系和治理能力现代化作为全面深化改革的总目标。实际上，强调"国家治理"而非"国家管理"抑或"国家统治"，这不仅仅是简单的词语变化，而更多的是政治理念上的变化，表明我们党对于政治发展规律有了新的认识，是对马克思主义理论的新的丰富。③从国家与社会关系来看，基本上经历了从统治

---

① 辛国恩，等：《毛泽东改造罪犯理论研究》，北京：人民出版社，2006 年版，第 281 页。
② 《习近平讲党史故事》，北京：人民出版社，2021 年版，第 247 页。
③ 俞可平：《推进国家治理体系和治理能力现代化》，《前线》，2014 年第 1 期，第 5-8+13 页。

到管理再到治理的过程。概要地讲，统治是指国家完全运用强制力来控制整个社会，管理是指政府的一元主体进行垂直的、单向度的社会介入。而治理的权力主体是多元的，权力性质既可以是强制的也可以是协商的，权力来源于法律和非正式制度，权力运行是多向度的，权力范围也十分广泛。"枫桥经验"的诞生和发展都有着"治理"的意涵，即号召群众参与公共事务，实现党政联手，依靠群众，矛盾不上交，党、政、群众共同参与公共事务体现的就是治理的基本特征。在当前的基层监督中，群众参与也十分必要，因为群众距离基层干部最近，最容易发现干部行为的失范之处；基层干部行为对群众的影响也是最深的，群众也有精力对干部行为进行监督。当然，群众参与基层监督需要建立健全参与机制，首先就是要完善办事公开制度，畅通人民群众建言献策和批评监督的渠道，充分发挥群众监督、舆论监督的作用。同时，要完善用权公开机制，增强主动公开、主动接受监督的意识，以公开促公正、以透明保廉洁，让暗箱操作失去空间。另外，还需要建立一些激励机制，调动起群众的积极性参与公权力监督。实际上，创造性地运用"枫桥经验"推进基层监督还蕴含着平等治理与精细治理的理念。

绍兴市在推进基层监督实践中充分运用社会力量，初步形成了社会治理共同体的格局。具体来说，第一，在各乡镇、村居建立了监察信息员队伍和监察联络站，让他们以日常监督的形式监督村干部履职。其基本的工作流程为监督发现问题、微信公众号报送、镇监督平台预警、镇纪委监察办甄别、分类交办处置、限时办结、报告与反馈。2019年以来，按照"一村一格、一镇一网"的布局，共选聘镇村监察信息员3981名，将监督触角延伸到田间地头、街巷阡陌。2020年4月，根据省纪委省监委统一部署，在村（居）全面建立监察工作联络站，聘任站长2059名、联络员4964名。监察信息员队伍从各办（线所）干部、驻村指导员、基层站所干部、"三资"代理服务中心干部、各类网格员、退职老干部、"两代表一委员"以及各村村监委主任、党组织纪检委员、乡贤会长等群体中择优选配。监察信息员对照纪律规矩、权力清单、干部履职负面清单，将发现的监督对象违反六大纪律和中央"八项规定"精神的情况、扶贫领域作风问题、扫黑除恶等专项整治发现的问题及干部违规用权等情况，及时通过专线上报。第二，成立监察议事会，以议事促监督。诸暨市还探索开展"村级监察议事会"试点，发挥村级监察工作联络站作用，引导村民有序参与监督，推动形成"村民监督村事、干部清爽干事"的局面。在推进过程中，首先明确议事范围，聚焦"村民事"。明确村级监察议事5类范畴，涉及基础设施完善、失地农村养老保险办理等村民合理诉求是否落实，低收入农户、生活生产困难对象帮扶等群众实际困难是否解决，集体资产资源承包、出租、转让、出让等村级财务管理是否规范，村级重大事项进展情况、办理质量等村两委班子承诺事项是否兑现，以及村两委干部为民办事是否公道等事项。通过设立信箱、开展走访等方式，由村级监察工作联络站征集、受理村民"议事"申请，研究确定"议事"事项，提前3个工作日书面告知村两委，并在村务公开栏中公开，以此强化对村两委干部秉公用权、村级权力规范运行的基层监督。其次，搭建议事平台，畅通"村民议"。每月固定一天召开"村级监察议事会"，由村级监察工作联络站站长主持，村级监察工作联络站联络员、"说事"村民、村两委干部、部分村民代表和党员代表，以及包村领导、驻村干部参加，开展村民"说事"、与会人员"议事"、两委干部"答事"、村级监察工作联络站"定事"，会后由村两委落实办理。再次，实行全程监督，助力"村民评"。健全"村级监察议事"办理情况民主评议机制，根据办理时限，由村主要负责人在当月"村级监察议事会"上通报办理情况，由村级监察工作联络站组织"说事"村民、部分村民代表和党员代表对村两委具体办理情况进行民主评议，对办理结果满意的，视作该事项了结；对办理结果不满意的，督促重新办理。监察联络站负责对村两委具体事项办理情况进行全程监督。通过引导群众开展评议监督，切实解决了"干部说了算、群众靠边站"现象，推动了村级监察联络工作从有形覆盖向有效覆盖迈进。第三，建立群众参与基层监督的培训与激励机制；在培训方面，市县乡镇会通过集中会议的形式培训监察信息员的业务能力；在激励方面，正向激励，主要是在换届中将优秀监察信息员优先列入"两代表一委员"候选人推荐人选，并且在年度优秀公务员、共产党员、劳动模范等各类评选评优中重点推荐，考虑符合干部队伍建设要求的纳入街道机关后备干部、村(居)班子建设人才库管理，优秀村监会主任兼职乡镇纪委委员等；当然，也建立了负向激励机制，监察信息员是街道机关干部、站所干部、村监委主任的，在信访核实、审查调查、巡察巡查、审计监督、专项治理、交叉检查等工作参与中，应当发现问题没有发现的，发现了问题没有上报的，视情根据党员干部作风效能量化评价、问责办法、纪律处分条例等规定进行处理；村监委主任作为信息员的，应把收集纪检监察信息情况作为履职考核的重要内容，严格与年度村监委主任报酬挂钩，作为换届是否继续提名的主要依据信息收集工作不到位的原则在换届中不再继续提名。此外，嵊州市的民情日记也是通过搜集群众意见的方式实现群众间接参与基层治理实践的。

第二，协同治理的实现机制。基层监督的问题不仅仅关乎基层治理主体，也不仅仅只关乎问题发生地。更进一步，讲基层监督问题的解决不仅需要基层发力还需要上级与基层的联动，不仅需要治理单元内的行动还需要其他治理单元的协同行动。具体来说，基层监督力量相对薄弱，但监督对象和监督范围十分广泛，这就使得单一的监督力量无法应对规模庞大的监督对象。而纵向层级间的联动监督和左右地区间的协同监督可以有效地集中监督力量，增强监督合力。在监督过程中，上级监督具有统筹性和规范性的特征，下级监督具有细致性和熟悉度的优势。此外，熟人社会是基层的核心特征，这给权力监督带来了一定的阻碍，熟人或半熟人间的监督难免会出现监督疲软甚至失效的情况，而协同治理下的交叉监督可以在一定程度上缓解这一问题，避免熟人社会带来的监督困境。在协同治理的过程中，要坚持统筹联动的理念，完善监督协调机制，增强监督合力，统一协调各类监督力量，落实共建共享这一坚持发展新时代"枫桥经验"的重要方向，提升基层监督的协同性、整体性、实效性。

绍兴市运用协同治理的理念推进基层监督工作走在了前列，通过统筹用好党委机关、乡镇纪委、监察办和派驻机构等工作力量，形成了纵向指挥有力、横向协作紧密、整体联动高效的片区协作机制，使乡镇纪委、监察办由原来的"单独作战"变为"联合会战"，真正解决了基层纪检监察力量不足、能力较弱、干扰因素多等方面的问题。协同治理在基层监督中的应用主要体现在以下三个方面。第一，纵向上下联动。市县乡村四级各有不同的职能重点，市级统筹定规范、县级主抓强片区、乡镇为主建平台、村社网格布"探头"，在监督过程中，市镇联动——镇纪委监察办与市纪委市监委机关、市委监察办，镇组联动——镇纪委监察办与片区派驻纪检监察组。上下联动一方面增强了监督力量，另一方面也形成了监督的分工。第二，横向片区协作。由区、县(市)纪委监委主导，按照区域相近、职能相配的原则，把乡镇(街道)纪委监察办划分为若干片区，成立片区协调小组，实行组长负责制，组长由区、县(市)纪委监委班子成员兼任，片区中心镇(街道)纪委书记、监察办主任担任副组长。目前，绍兴市建立了35个片区协调小组，实现了信息互通、问题互商、力量互补。片区协作机制集中会商、点题交办、交叉检查、协同办案，有效解决了基层纪检监察人手缺乏、"熟人社会"监督难等问题。同时，片区协作机制不仅有增强监督力量的作用，还具有交叉监督的功效。片区围绕廉政风险点、重要信访件、案件办理及重大专项治理、专项检查等事项组织专项交叉互查工作，切实破解同级监督难、内部监督磨不开情面等问题，以常态化的交叉检查扎实推进片区内成员单位各项工作的落实。第三，系统整合多重监督力量。上虞区通过构建"4+3"监督体系，整合了各类监督力量，一体推进党委机关、派驻、巡察、镇街纪(工)委监察办等发挥监督"主力军"作用，并充分激发社会组织内生动力，推动20人的特约监察员队伍、358个村社监察工作联络站(村监会)、59家民营企业纪检组织等三支监督队伍发挥作用，通过体制内监督"主力军"和体制外监督力量同向发力、同频共振，开展到边到底、日常经常的监督工作，推动基层治理各项制度落细、落实、落到位。2019年上虞区乡镇(街道)通过日常监督共计发现问题647个，同比增长88%，2020年1—7月通过日常监督发现问题649个，已超过2019年全年发现的问题总量。

　　总之，"枫桥经验"与基层监督具有较高的统一性。将"枫桥经验"运用于基层监督不仅可以尽早发现并处置权力运行失范的风险，还可以最大限度地保护干部，将问题扼杀在苗头阶段。正如习近平总书记所言："'枫桥经验'发展到今天，最重要的成果和最鲜明的特色就是实现自律与他律、刚性与柔性、治身与治心、人力与科技相统一。"[①]结合到基层监督，就是形成内部控制与外部约束、法治控权与道德制约、行为约束与廉洁基因以及主体监督与数字监

---

① 习近平：《习近平著作选读》(第二卷)，北京：人民出版社，2023年版，第242页。

督相统一的基层监督体系。需要说明的是，加强党建引领、源头预防、抓早抓小、群策群力这四条基层监督的"枫桥经验"不是相互独立的关系，而是在基层监督过程中相互支撑、相辅相成。

第三节 基层监督对基层社会发展的撬动效应

现代化是一个动态发展的过程，不存在固定的、普适性的现代化模式。现代化的可贵之处就在于不同的社会情境有不同的现代化路径，在中国，必须坚持推进中国共产党领导的社会主义的中国式现代化。在推进中国式现代化的过程中，监督体系现代化具有基础性地位。监督体系现代化的高标准实现不仅有利于防止权力滥用专断，还可以为经济社会发展提供保障性作用，产生外溢效应。

一、基层监督保障"一肩挑"模式平稳运行

2019 年 1 月，中共中央印发了《中国共产党农村基层组织工作条例》，明确规定："村党组织书记应当通过法定程序担任村民委员会主任和村级集体经济组织、合作经济组织负责人。""一肩挑"模式有利于强化党的执政根基，提升党组织的领导权威；有利于避免内耗，促进村民自治的有效实现；有利于强化责任意识，确保国家农村发展战略的实现；有利于减少村务开支，提高干部待遇；有利于提高村干部办事效率，降低村级组织运行成本。但"一肩挑"在一定程度上打破了原多主体间的权力监督制约关系，形成了基层公权力的集中化趋势，而这种权力集中会增大权力滥用专断的风险。具体来说，村党组织书记和村民委员会主任的"一肩挑"会增加村务运行的风险；村党组织书记和村民委员会主任的"一肩挑"则会增加权力寻租、受贿、被"围猎"甚至经济犯罪的风险。

在此情境下，加强对村主职干部的权力监督、制约其权力的规范化形式就显得尤为重要。绍兴市创造性地运用"枫桥经验"推进基层纪检监察规范化建设的实践探索对于"一肩挑"后村主职干部的权力监督问题具有启发性意义，

即构建起内部监督与外部监督、上级监督与群众监督相结合的全方位、多层次、立体式的基层监督体系，以保障"一肩挑"模式的平稳运行。在监督范围上，制定监督清单，明晰监督事项，确保监督的聚焦性，让监督力量真正运用于需要监督的村务事项中，解决"监督什么"的问题。在监督主体上，需要进一步完善上级党委纪委监委、村级村监委、村级监察联络站以及群众的监督闭环，形成多主体之间的监督协同分工关系，提升监督合力，解决"谁来监督"的问题。具体来说，就是要强化乡镇党委掌控力、完善驻村监督制度、强化乡镇纪委监督力、强化村级同级监督约束力、强化村社群众监督参与力等等。在监督机制上，要健全监督路径，让各监督主体有合理合法的监督路径，确保监督的效力得以实现，如疏通并加强群众涉纪信访渠道、完善群众线上举报窗口、完善用权公开制度、加强村级巡察监督等，解决"如何监督"的问题。在激励机制上，要激发群众及其他监督主体的监督积极性，建立监督考核机制，完善正向与负向的激励机制，让监督主体敢于监督、勇于监督，解决"为何监督"的问题。在问责处置上，健全监督信息的处置机制和效果反馈机制，落实监督的有效性。就目前来看，需要在党的统一领导下，做到以下几点，这也是创造性运用"枫桥经验"推进基层监督的重要经验：一是以权责清单、运行流程的明晰在源头上预防权力运行失范的可能；二是以数字监督平台的运用整合多种监督力量，实现全过程监督、实时监督；三是充分运用"四种形态"、"五就地"工作法等创新做法将权力失范问题遏制在苗头，最大限度地减少权力运行失范带来的损失；四是充分发挥群众力量，将对村主职干部的监督工作做细；五是形成多种监督力量的合力运用，纵向上下联动、横向地区协同，在增强监督力量同时增强监督权威性，破解基层熟人社会监督的困境。

二、基层监督增强基层公信力水平

李连江教授等人提出，我国民众对于政府的信任呈现出"差序政府信任"格局，即人们对于上级政府的信任程度普遍高于下级政府。这一结论表明，要想从整体上提升公权力的公信力，最基础的就是要增强民众对基层政府的信任。增强基层政府公信力的关键就在于基层干部规范用权，打造和谐的干群关系。近年来，农村涉纪信访占信访总量的比例颇高，高达70%，这说明了农村干群的矛盾主要在于群众对干部违法违纪的不满。因此，推进基层监督现代化，强化对基层公权力的监督，是缓解基层干群矛盾的关键，也是增强基层公权力公信力的必经之路。实际上，提升公权力公信力的关键就是要增强民众对基层治理主体的信任，核心在于规范基层干部的用权行为、打造和谐的干群关系。推进基层监督现代化，强化对基层公权力的监督，可以有效缓解基层干群矛盾，从而增强基层公权力的公信力水平。

强化基层监督，保障权为民所用。我国是人民当家作主的社会主义国家，一切权力属于人民。权力必然具有公共性的意涵，权力的行使也必须以公共利益为根本目的。然而，在权力运行的实践中，公权力的非公共运用直接破坏了权为民所用的根本，甚至于公权力成了个别人谋取私利的工具。因此，将权力限定在规范化的轨道上，强化对权力的监督，保证权力的公共行使是保障权为民所用的有效路径。能否真正将监督触角有效覆盖所有公权力主体，直接关系到党的路线方针政策和反腐倡廉工作部署能否贯彻落实到第一线，关系到群众能否真正享受到反腐"红利"。因此，对基层公权力的监督也是营造风清气正的基层生态的关键，基层监督要发挥及时提醒与制止权力失范行为的作用，实现权为民所用。

强化基层监督，提升群众的参与水平。群众参与治理是基层治理现代化的题中应有之义，也是保障群众基层自治的重要表现，更是提升公权力公信力的重要举措。相比远在天边的"老虎"，基层群众对近在眼前的"蝇贪"感受更为真切，党的二十大报告就明确指出要"坚决惩治群众身边的'蝇贪'""完善权力监督制约机制"，实际上就是剑指基层监督的问题。当前，我国群众参与社会治理的热情逐渐高涨，群众参与的能力也在逐步提升。加强群众参与监督可以提高群众对于村务等公共事务的熟悉程度，在监督中密切党群干群关系，从制度上确保村干部廉洁履职、依法办事，时刻提醒村干部牢固树立规矩意识。当然，要构建起群众参与基层监督的渠道，如村务公开制度、监督议事会、数字监督渠道等。

能否真正将监督触角覆盖至"最后一米"，直接关系到党的路线方针政策和反腐倡廉工作部署能否贯彻落实到第一线，关系到群众能否真正享受到反腐"红利"，更关系到党的执政地位和基层政权的巩固。实践中，有效保障广大党员群众的知情权、参与权和决策权，有利于强化对村级民主决策的监督，进一步密切干群关系，从制度上确保村干部廉洁履职、依法办事，时刻提醒村干部牢固树立规矩意识。因此，要切实依靠群众、服务群众，解决群众最关心的问题。

三、基层监督优化和改善营商环境

纪检监察机关是党内监督和国家监察的专责机关，围绕党和国家工作大局开展监督检查是纪检监察机关不可推卸的政治责任，各级纪检监察机关要充分发挥监督保障执行、促进完善发展的作用。落到实践就是党的重大决策部署到哪里，监督力量就跟进到哪里；哪里存在廉洁风险或"小微问题"，监督提醒就到跟踪到哪里。2020年7月21日，习近平总书记主持召开企业家座谈会并发表重要讲话，他指出："要坚决防止权钱交易、商业贿赂等问题损害政商关系和营商环境。"①这就要求纪检监察机关要深入开展优化营商环境专项监督检查，严肃查纠干扰和阻碍民营经济发展的违纪违法行为，不断净化优化营商环境。而政商关系、营商环境营造的关键在基层，因此强化基层监督，着力推进基层公权力运行的监督工作有其必要性。

一是切断权力寻租的链条。权力寻租是指握有公权者以权力为筹码谋求获取自身经济利益的一种非生产性活动。基层监督对营商环境的正向影响主要在于切断权力寻租的链条。构建亲清政商关系，关键要准确把握"亲""清"的辩证关系，即既要亲，又要清。"亲清"是中国特色的政商关系，"亲"体现在领导干部要多深入企业，了解企业发展的困难之处并提供政策支持；"清"则是要官与商保持一定的距离，在交往过程中关系要清白，杜绝以权谋私、权钱交易、吃拿卡要、不作为乱作为等问题。换言之，既要杜绝官商勾结，又要防止为官不为。这就需要将权力限定在规范化的轨道上，限定权力主体有何权力、责任和不可为事项。对权力的界定在实践中就体现为制定权力清单，限定在与企业交往的过程中，有何种权力；对责任的界定在实践中体现

---

① 《习近平在企业家座谈会上的讲话》，人民日报，2020年7月22日第02版。

为制定责任清单,即公权力必须承担的为企业发展提供的支持,以防止不作为现象的发生;对不可为事项的界定在实践中就体现为制定负面清单,即公权力不得随意滥用职权干预和插手市场经济活动、不得在工商注册、环保测评等任一环节发生权钱交易等不法活动。权责清单和负面清单的制定实际上明晰了政商交往的界限和禁区、红线和底线,是加快建立、优化营商环境长效机制的关键举措。与此同时,将公权力的运行流程规范化也可以在一定程度上优化政商关系,以工商机关为例,只需要企业按流程进行登记即可,严格遵照流程,不得随意增加或删减程序,以减少权力寻租的风险。总之,坚持源头预防的理念,以权责清单和负面清单等形式规范政商关系,既要防止政商不亲,又要防止政商不清,在营造良好营商环境的前提下,促进经济社会的健康发展。

二是构建企业监督的渠道。对于基层公权力的监督而言,企业是最清楚公权力运行是否规范的,来自企业的监督也更精准化,因此让企业参与监督营商环境建设过程中的公权力运行具有可行性和必要性。让企业参与监督,实际上是把监督的主动权和话语权交给了企业,让企业扮演腐败苗头监控者的角色,一旦企业发现公权力运行失范问题就可以通过系统上报给纪检监察机关。通过企业监督的倒逼机制,力克形式主义、官僚主义和干部不担当不作为问题。这一方面可以防止因不正常的政商关系而导致的经济损失,另一方面也有利于将权力失范行为抓早抓小。更进一步讲,构建企业参与公权力监督的渠道既是落实群策群力的方法,也是遵循抓早抓小的思路。

三是增强企业经营的可预期性。企业作为一个理性的经济主体,需要根据未来的期望成本和收益进行决策[1],而公权力的不规范运行则会给企业带来较大的不可预期性和不确定性。企业不可预期性和不确定性的增加会影响企业的经营行为,如企业的投资格局、成本分配等等。因此,提升基层监督的制度化和法治化水平,可以有效降低企业经营的不可预期性和不确定性,从而提高企业效益,促进经济社会的发展。同时,对腐败官员的监督问责也可

---

[1] 聂辉华、阮睿、沈吉:《企业不确定性感知、投资决策和金融资产配置》,《世界经济》,2020年第6期,第77—98页。

以起到警示作用，从而增强企业的经营信心，激发各类市场主体活力，营造公平竞争、按市场经济规律办事的营商环境，为促进经济平稳健康发展、高质量发展作出贡献。总之，基层监督现代化蕴含的制度化、法治化可以有效地防止公权力对企业经济行为的过度干预和侵犯，为企业发展营造一个良好的环境。当然，对基层权力进行监督，保障其规范化运用，也是降低权力运行成本的有效路径。权力运行成本有内部成本与外部成本之分，除常规运行成本外，权力运行的内部成本主要产生于权力边界的模糊、权力间共谋以及权力的失范运行；权力运行的外部运行成本则更为广泛，更多地体现在权力主体与权力行为对象之间产生的成本，如权力寻租、行贿索贿产生的社会成本，这实际也是权力运行成本的重要部分。

四、基层监督涵养政治生态与社会风气

健康洁净的政治生态是推动全面从严治党向纵深发展的迫切需要，也是保持党的先进性、纯洁性的重要条件。净化党内政治生态，是党的建设中具有根本性、基础性的问题，关乎党的团结统一和兴旺发达。因此，打造良好的政治生态至关重要，然而净化政治生态同修复自然生态一样，绝非一朝一夕之功，需要综合施策、协同推进。基层监督的制度化、法治化就是涵养政治生态的有效举措。基层监督的法治方式和制度手段，是针对"小微权力腐败"的治本之策，要管住基层干部乱用权力的行为，这就要求监督力量真正沉到基层，不留死角。只有基层监督执纪硬起来、强起来、实起来，监督的"最后一公里"才能打通，"苍蝇式腐败"才能够逐渐清除。

同时，基层监督现代化还有利于净化社会风气，形成崇尚廉洁的社会心态，促使人们养成讲规矩的习惯与意识，真正做到干部清正、政府清廉、政治清明。实践中，需要把清廉文化植根于深厚的历史文化积淀中，讲好清廉故事，在全社会营造一种崇尚廉洁的风气。具体来说，一是兼顾传承创新，赋予清廉文化新的内涵和传播方式；二是彰显特色驱动，强化清廉文化正面引领作用；三是主张廉旅融合，使清廉文化和城市建设不断焕发出新的生命力；四是推动家风建设，为基层社会治理创新提供丰厚的文化滋养。

综上所述，以制度化、法治化、多元化等为特征的现代化基层监督体系，

不仅可以在党的统一领导下，以源头预防的理念、抓早抓小的思路和群策群力的方法提升基层监督效能，还具有较强的扩散意义和外溢作用，对基层治理体系、干群关系以及营商环境优化带来正向影响。与此同时，基层监督现代化也是国家治理与社会治理深度融合的过程，需要自上而下的权威力量与自下而上的民主力量的结合，以提升基层治理的效果。基层作为全面从严治党的"最后一公里"，肩负着深化纪检监察体制改革和营造良好政治生态的使命，基层监督效果的好坏直接关系到基层治理甚至国家治理现代化的实现程度。同时，基层本身又是事务最细碎、神经最敏感、影响最深刻的场域，因此对基层公权力的监督具有理论与实践的双重必要性。理论上的必要性在于丰富和拓展中国特色的权力监督体系，实践上的必要性在于保障决策、执行的良好运行以及基层社会的良好运转。因此，创造性运用"枫桥经验"推进基层监督的实践，不仅是对"枫桥经验"的坚持和发展，更是对中国特色基层监督体系和监督能力现代化的有益探索。

第八章　党的领导与基层治理

　　基层社会的有效治理是关系国家发展与人民幸福的关键内容之一。作为基层社会的重要组成部分，乡村和社区治理是党和国家历来关注的重点议题。党的二十大报告强调，要"健全基层党组织领导的基层群众自治机制""推进以党建引领基层治理，把基层党组织建设成为有效实现党的领导的坚强战斗堡垒""坚持大抓基层的鲜明导向，抓党建促乡村振兴，加强城市社区党建工作，推进以党建引领基层治理，持续整顿软弱涣散基层党组织，把基层党组织建设成为有效实现党的领导的坚强战斗堡垒。"从本质上讲，坚持党的领导与激活基层群众自治是新时代推进基层治理的总体要求和基本原则，健全基层党组织领导的基层群众自治机制是提升基层治理有效性的根本途径。坚持并完善党的领导有利于保证治理方向的准确性，通过党的统一领导可以实现基层多元治理主体的有效整合。① 同时，激活群众自治有利于满足群众需求、盘活治理资源、增强基层内生发展动力。

　　然而，新中国成立以来，党的领导与基层群众自治在实践探索过程中并非总是良性互动的关系，二者间的冲突早已引起学术界的关注。有学者指出党领导下的村民自治模式存在着内在矛盾，党支部书记在基层治理中处于更高的位置，自治本身成为一个问号。同时，也有学者指出村委会的选举制度会将党支部这一权威结构弱化，村委会常常独立于党支部，甚至有可能与党

---

　　① 李辉：《迈向党委统领的乡村善治：中国乡村治理范式的新飞跃》，《探索》，2021年第5期，第92—102页。

支部唱反调。① 实践中，存在着选出来的村委会主任没有权，有权的支部书记不需选等情况。② 尽管目前在全国各地普遍实行了"一肩挑"体制，解决了村党支部与村委会的不协调问题，但在基层治理中，来自上级的集中与来自基层的自治之间的冲突非但没有缩小，反而呈现出了扩大之势。

一方面，自治具有天然的分离倾向，过于强调自治会形成社会风险③；另一方面，实行高度集中的管理模式，又会破坏基层社会原本存在的治理结构，破坏原来地方自治中的上下沟通渠道。综上所述，已有研究揭示了党的领导与村民自治在实践中的矛盾关系，但对于党的领导与村民自治的融合以及关系的调试机制尚未展开详尽的论述。事实上，党的领导与基层自治并非存在不可调和的矛盾，而是可以实现良好融合两种机制，在"枫桥经验"发源地的绍兴就很好地实现了党的领导与基层自治的融合发展，极大地提升了基层治理的有效性。基于此，本书试图通过案例研究的方式，以组织建设为切入口，讨论创新党在基层治理中的领导方式，构建乡镇党委和村党支部之间的功能性分工体系及其互动协作机制，从而实现党的领导与基层自治的有机结合，以更好地提升基层治理有效性。

第一节　作为场域的"基层"与基层治理体系

基层是国家治理的重要组成部分，是最基本的治理单元。可以说没有基层治理的现代化，就没有国家治理的现代化。厘清基层的治理环境、治理主体、治理客体以及治理目标，对于提升基层治理能力、推进基层治理现代化至关重要。已有的研究多将"基层"视为被治理的对象，如治理基层的环境、治理基层的安全等等。本书认为，基层是多个主体、多种力量按照特定的秩

---

① 周雪光：《一叶知秋：从一个乡镇的村庄选举看中国社会的制度变迁》，《社会》，2009 年第 3 期，第 1-23 页。

② 赵树凯：《村民自治的检讨与展望》，《江西师范大学学报（哲学社会科学版）》，2015 年第 3 期，第 25-28 页。

③ 曹正汉、张晓鸣：《郡县制国家的社会治理逻辑——清代基层社会的"控制与自治相结合模式"研究》，《学术界》，2017 年第 10 期，第 216-227 页。

序逻辑共同发挥作用的场域，这种场域概念不能仅仅指被一定边界物包围的领地，而强调的是一种有内含力量的、有生气的、有潜力的存在的秩序性的社会空间。① 在基层这一场域中，存在多个治理主体，不同的治理主体发挥着不同的功能，对于基层的有效治理而言，构建起多主体间合理的治理秩序、形成优势互补的关系尤为重要。

古代中国，"皇权不下县，县下皆自治"的权力格局形成了上下分治的治理体系，在乡村社会内部形成了乡绅自治系统。② 但在新的历史条件下，乡绅自治的结构已无法适应新的治理需求。从实践来看，在当代中国的基层这一场域中(此处所指的基层仅指村、社区一级)，存在乡(镇)党委、乡(镇)政府、村党支部、村(社区)委会、社会组织、人民群众等多个治理主体。在这些治理主体中，党组织居于核心地位，发挥着对内与对外两方面的作用。对内需要做好政治建设、组织建设、能力建设，引领农村和社区工作；对外则需要整合治理资源，促进资源合理配置、要素跨界流动，重塑社会治理的"公共性"和协同性。村(社区)民委员会是在党的领导下全面推进基层治理各项工作的自治组织，按照《民法典》第101条，居民委员会、村民委员会具有基层群众自治组织法人资格，可以从事为履行职能所需要的民事活动。此外，近年来社会组织在基层治理中发挥着越来越重要的作用，社会组织在开展社会服务工作和社会公益活动时具有志愿性、地缘性和专业性优势，其管理制度也不断完善。人民群众既是基层治理的治理主体，又是受益主体，保障基层治理长效性的根本途径就是集中群众的智慧、启发群众的自觉意识、动员群众自己行动。除此之外，基层治理主体还包括村民会议、村民代表会议、村务监督委员会等制度性主体，以及其他社会性组织、经济组织、农民宗族等非制度性主体等。对于基层治理而言，关键在于将这些存在于"基层"这一场域中的多元主体有机融合起来，在秩序稳定的前提下产生更高的治理效能。

客观而言，基层场域各治理主体具有异质性身份，"限定场域"外的权力

---

① 李全生：《布迪厄场域理论简析》，《烟台大学学报(哲学社会科学版)》，2002年第2期，第146-150页。

② 曹正汉：《中国上下分治的治理体制及其稳定机制》，《社会学研究》，2011年第1期，第1-40页。

主体和"限定场域"内的权力主体有着不同的目标函数和利益诉求。场域外的权力主体更关心治理的全局，注重整体治理的利益平衡和全社会的民生福利；而场域内的权力主体更加关心本场域内的群众利益和治理状况，较少关注治理的外溢效应。毋庸置疑，无论是场域内还是场域外，在这些治理主体中，党组织都居于核心领导地位。但需要注意的是，乡(镇)党委和村(社区)党支部遵循的治理逻辑、采用的治理方式、发挥的治理效果等都是不同的，这在后文中将会详细论述，只有这两类党组织形成良好的职、责、权划分与互动协调体系，才能更好地整合其他治理主体，从而提升基层治理的有效性，这是本书的切入口和重点关切。

归根结底，基层场域内与场域外治理主体的关系过于紧密或过于疏离都将导致治理分工边界不清晰、职责划分不明、权力监督缺位，不利于提升基层治理的有效性。就国家治理而言，基层这一场域从来不是静态存在的，而始终存在于与场域外的上级党组织、场域内的同级党组织的互动中。正因为不同党组织的在治理行动上的分工、分职、分责，才使得治理范围最广、治理人数最多、治理矛盾最多、治理条件最复杂的基层场域既充满治理动力，又能遵循一定的治理规范。

第二节　约束与自治：基层有效治理的核心机制

基层强则国家强，基层安则天下安。"强"就需要多元主体在基层这个场域积极作为，而"安"则既包括国家安全、政治安全，也包括社会安宁、人民安心。就权力配置而言，基层治理的"强"需要构建起自主机制，为基层治理供给持续的动力；相应地，基层治理的"安"需要构建起约束机制，为基层治理划定行为边界和底线。只有兼具"强"与"安"，才能保障基层社会长治久安和人民安居乐业，才能实现基层改革、发展与稳定的动态平衡，才能称之为有效的基层治理。从本质上来讲，基层治理有效性提升的关键在于通过公权力的配置对基层场域中的相关主体进行组织、管理和调控，实现约束与自主的有机结合。

自古以来，基层一直是中国国家治理体系中治理矛盾相对突出和集中的场域。因此，对于基层治理而言，安全的重要性毋庸赘言。需要说明的是，这里的"安"从来都不只是人民群众的人身与财产安全，更重要的是基层治理诸多主体及其行为的安全性，甚至于国家安全。从理论上看，基层治理主体的任何行为都应被约束在国家法律、规章、制度的范围内，方可保证基层治理的安全性。换言之，国家法律、制度以及上级政权机关要为基层治理主体的职能、责任和权力划定行为边界，以底线原则约束基层治理，这是维持基层治理基本秩序的必要途径。反之，基层权力运行失范将严重损伤人民群众的获得感和认同感。此外，基层治理主体违纪违法行为和较为严重的腐败行为会导致党群关系和政治生态的恶化，从而影响国家治理体系的安全和稳定。"微腐败"以及权力运行失范对于党的形象以及人民群众的获得感损伤最大。因此，需要建立健全基层治理中的约束机制来制约基层治理主体的职能范围与责任事项，匹配相应的权力清单，以此实现治理权力运行过程中基层场域内的自我监督与基层场域外的上级监督，推动基层治理能力提升。

同时，对于基层治理来说，自主性也十分重要。所谓基层治理自主性，即基层治理多元主体积极有为地参与基层建设，各主体既有自主行为的空间，又有自主行为的动力。因为基层治理直面群众利益、聚焦民生实事，而基层群众的需求呈现出多样化、多层次、多方面的特点，所以要处理的具体事务相较复杂、烦琐和精细。因此，自主性的发挥更有助于挖掘基层群众的显性与隐性需求，从而为其提供更好的公共服务，提升人民群众的幸福感和获得感。实际上，当前基层治理面临着较为严重的自主性不足和积极性缺失的问题，"形式主义""官僚主义"和不担当不作为的现象还较为突出，"花钱办事"的风气，"等靠要"的态度在一定程度仍存在。[①] 例如，当前有些村（社区）委会就缺乏自主意识，不能够很好地因地制宜、因事制宜和因人制宜地自主管辖本地事务。又如，社会组织发展已取得显著成绩，广泛参与了脱贫攻坚、疫情防控等治理任务中，在促进居民参与、提供社区服务、丰富社区文化、化解基层矛盾等方面都发挥出了积极作用。但社会组织在队伍建设、内部管

---

① 余敏江：《基层治理如何更高效》，《人民论坛》，2020年第32期，第62—65页。

理、发展质量等方面还有待完善，自主性意识和行为还有待增强。此外，村（社区）民议事会、理事会、监督委员会等自治主体还有待完善，村（社区）民参与社会治理的组织形式和制度化渠道还不够健全，高成本治理的困境仍未得到完全解决。

当然，约束和自主之间本身就存在着一定的张力，既要为公权力的运行设定范围和底线等约束，又要为自主作为留出空间，约束过多就会没有活力；反之，自主性太强则会失去规范性秩序，存在偏离治理总体目标的风险。因此，基层治理需要合理配置约束机制与自主机制。在当前加强党的领导，以党建引领基层治理的大背景下，处理好乡镇党委与村社党支部的关系是实现约束与自主达到平衡状态、提升基层治理有效性的关键。

第三节　党组织的行为逻辑与基层有效治理

我国的治理体系建设，基础就是基层，"基础不牢，地动山摇"。基层治理的关键就是加强党的领导，夯实党组织向基层的延伸和创新。① 因此，要把基层工作做好。在基层这一场域中，对基层影响最为直接的就是乡（镇）党委和村（社区）党支部。就基层及其治理的有效性而言，乡（镇）党委和村（社区）党支部理应具有不同的组织属性、不同的组织功能，而这一点长期被忽略了。只有区分清楚这两级党组织的行为逻辑，在乡（镇）党委和村（社区）党支部之间建立起分工协作机制，实现基层治理中约束与自治的有机结合，才能更好地推进基层治理。

一、党组织的类型分析

对于基层治理而言，党的领导是既定事实，也是客观要求。然而，如前所述，乡（镇）党委和村（社区）党支部都是基层治理的直接治理主体，但二者之间却有着截然不同的治理属性，需要在详细区分其属性、职能等的基础上

---

① 参见：2020 年 7 月 23 日，习近平在吉林长春社区干部学院谈基层治理时的讲话。

进行分类治理，从而提升基层治理效能。

中共中央组织部公布的《中国共产党党内统计公报》显示：截至 2021 年 12 月 31 日，全国共有党的各级地方委员会 3 198 个，其中省（区、市）委 31 个，市（州）委 397 个，县（市、区、旗）委 2 770 个；党的基层组织 493.6 万个，其中城市街道党组织 9 034 个、乡镇党组织 29 649 个、社区（居委会）党组织 114 065 个、行政村党组织 491 129 个、机关基层党组织 74.5 万个、事业单位基层党组织 94.9 万个、企业基层党组织 153.2 万个、社会组织基层党组织 17.1 万个。① 显然，这些党组织都在党的全面领导和党中央的领导下运转，但这 500 多万个党组织显然具有不同的任务使命。中国共产党在治国理政实践中进行了分类治理：针对各级地方党委，制定了《中国共产党地方委员会工作条例》；针对各级各类党组，制定了《中国共产党党组工作条例》；针对国有企业、高等学校、农村基层，分别制定了《中国共产党国有企业基层组织工作条例（试行）》《中国共产党普通高等学校基层组织工作条例》《中国共产党农村基层组织工作条例》等。实践中的分类治理呼唤在理论上进行科学划分。从理论来看，中国共产党 500 多万个党组织实际上通过对宪法意义上国家权力体系和社会体系的嵌入实现了党的全面领导。依据嵌入的组织不同，实际上党实现了从嵌入国家到嵌入社会的连续谱。

正如恩格斯所言：国家的本质特征，是和人民大众分离的公共权力②，嵌入国家权力体系的党组织一定程度上即为行使公共权力的党组织。具体来说，嵌入国家权力体系的党组织在实践上履行国家公共职能、承担国家公共责任、行使国家公共权力、参与国家公共管理，其组织成员皆为国家公务员③，具有显著的"国家"特征。例如，中央组织部统一管理公务员工作、中央宣传部统一管理新闻出版和广播电影电视工作、中央统战部统一管理宗教工作和侨务工作；又如各级政法委协同政法机关处置社会稳定与社会风险问题；各级党委参与发展规划和经济建设；等等。实践中，这类党组织主要指党中央、省

① 参见：《中国共产党党内统计公报》，共产党员网，https：// www. 12371. cn/2022/06/29/ARTI1656486783270447. shtml，2022 年 6 月 29 日。
② 《马克思恩格斯文集》（第 4 卷），北京：人民出版社，2009 年版，第 135 页。
③ 依据《中华人民共和国公务员法》，公务员是指依法履行公职、纳入国家行政编制、由国家财政负担工资福利的人员。

委、市委、县(区)委、乡镇(街道)党委、纪委及其组成部门，以及在国家机关中设置的党组织等。这与西方国家的政党呈现出了显著的差异：一方面，中国共产党没有政党竞争，其核心目标是引领和推进国家治理；与之不同，以美国为代表的西方国家政党面临着较大的政党竞争压力，其核心目标是夺取政权或影响政治。另一方面，中国共产党与国家治理的关系和西方国家形成鲜明的对比，中国共产党对于国家治理的影响具有直接引领性，这与其国家治理的基本特征有关。当代中国的国家治理是政党直接参与的国家治理，是政党组织国家建设、参与国家治理、推动国家发展的过程，中国共产党不仅具有代表、表达等一般政党的功能，还具有引领甚至直接参与国家治理的功能；与之不同，以美国为代表的西方政党对于国家治理的影响较为间接，仅是通过推荐党员通过竞选总统或议员席位的方式间接参与国家治理，更多的是国家与社会之间的中介，通过选举的方式发挥代表、表达的功能。对于基层而言，乡(镇)党委就属于此种类型的党组织，对乡村、社区治理发挥着实质性影响。

社会是与国家相对的概念，其核心特征是自主性较强。在国家的层面上，嵌入社会的党组织不履行国家公共职能、不承担国家公共责任、不行使国家公共权力、不参与国家公共管理；与之不同，嵌入社会的党组织履行社会职能、承担社会责任、参与社会管理、处理社会事务，其成员拥有社会组织成员身份，是企事业单位、基层社会进行社会治理的核心组织力量。具体而言，在村、社区、企事业和社会组织中设置的党组织皆为此类。当前，嵌入社会的党组织更多应该发挥其组织社会、引领社会发展的功能，保证所在组织在正确的轨道上积极运行，实现加强党的领导和自主发展的双重目标。例如，企业具有较强的营利追求、高校具有科研育人的目标、基层村社以自我管理为基本方式，那么嵌入其中的党组织也需要在保持政治原则的同时，提高适应性，更加尊重市场、社会本身的发展规律与逻辑，发挥挖掘所在组织自主性的作用。实践中，嵌入社会的党组织在坚持党的政治原则及落实党的路线、方针、规章纪律的同时，要能够积极挖掘所嵌入组织的需求，以充分的社会理论带动社会性组织的发展。对于基层治理而言，村(社区)党支部属于嵌入社会的党组织，需要在坚持党的政治原则的同时发挥其积极性，在治理边界内满足基层中群众需求，提升基层治理质效。

二、嵌入国家的党组织与嵌入社会的党组织之间的有效互动

在基层治理中，乡（镇）党委与村（社区）党支部各司其职、各尽其责，遵循不同的行为逻辑，二者的有效互动是实现党的领导与群众自治有机统一的理论内涵，也是实现基层治理有效性的具体方式。

嵌入国家的党组织在基层治理中的行为逻辑：放权+控权。与乡镇党委相比，村（社区）党支部更了解群众对公共服务的偏好，所以，应尽可能向村（社区）党支部有序放权，为基层治理运作决策留足空间；但权力下放的同时意味着存在权力滥用的可能性，且权力越下放，权力被滥用的威胁就越大①，因此要严格控权，把权力关进制度的笼子。以乡（镇）党委为代表的嵌入国家的党组织在基层治理中的行为逻辑应为放权和控权。一方面，乡（镇）党委向村（社区）党支部要适度地放权，减少不必要的干预，释放治理空间。另一方面，乡（镇）党支部要对村（社区）党支部划定基本的行为范围与规则，进行约束和控权，这一逻辑可以借用"负面清单"的概念形象地表达，意即以乡（镇）党委为村（社区）党支部划定"负面清单"，以明确村（社区）党支部不可为的权力和行为。实行"负面清单"有两个意义：一是为乡（镇）党委的职、责、权做减法，规范乡（镇）党委权力的运用，限制权力范围，以防止对村（社区）党支部带来过多负担；二是监督村（社区）党支部的不作为和乱作为，纠正和惩罚其违规行为。比如，纪检监察部门把"形式主义""官僚主义"和不担当不作为作为基层纪检工作的靶向纠治点，压实基层减负责任，这是乡（镇）党委、纪委的控权机制在发挥作用。

嵌入社会的党组织在基层治理中的治理逻辑：有为+自主。基层治理首先强调尊重各地的客观情况，尊重群众的意愿、挖掘并满足群众的需求。换言之，基层有效治理的前提就是因地制宜、因时制宜，注重因势利导、因情施策。与乡（镇）党委相比，村（社区）党支部一方面是党组织系统延伸到乡村社

---

① 周黎安：《转型中的地方政府：官员激励与治理》（第 2 版），上海：格致出版社，2017 年版，第 87 页。

会的"神经末梢"，与社会有着十分密切的关系。村(社区)党支部是基层治理的直接参与者，围绕基层社会中涉及村民集体事业的决策，代表和表达居民的群体意志。另一方面，村(社区)党支部中的党员大概率为属地居民，与其他群众具有天然的亲和性，也更了解本地域的实际需求，在整合分散价值理念、组织多元治理主体参与和服务民众参与等方面有着不可替代的优势。村(社区)党支部能够较大地影响公共资源配置，讨论和决定基层治理中的重要问题。① 若沿用乡(镇)党支部传统的科层制组织方式和行政化的管理方式，不仅会导致管理成本的增加，而且会挫伤村(社区)党支部的工作积极性。因此，村(社区)党支部在基层治理中的治理逻辑应当是有为和自主。村(社区)党支部在"负面清单"划定的范围外和要求下积极作为，因地制宜创造性地开展基层治理。自主的行为逻辑需要村(社区)党支部成为领导基层经济组织和社会组织建设发展的中坚力量，整合基层治理中的多元主体参与的自主力量，带领村(社区)民依法通过自我管理、自我教育、自我服务，形成自治机制。只有把基层治理中的多元化自主性力量整合起来，才能保证和谐有序的长效治理秩序。

---

① 周光辉、王海荣、彭斌：《突出政治功能：新时代基层党组织建设内涵、意义与实践路径分析》，《理论探讨》，2019 年第 3 期，第 125-130 页。

第九章　优化基层监督的对策建议

第一节　构建"一肩挑"体制下的基层干部监督体系

　　"一肩挑"体制下，村(居)基层干部权力更加集中，根据基层小微权力监督主体职能和监督特性，要进一步按照强化组织监督、同级监督和群众监督的思路，构建一套务实的基层干部监督体系。

　　第一，加强组织监督。首先，县乡两级党委要加强对村(居)主职干部和村级班子的全面领导，层层压实管党治党责任。县级党委围绕村(居)主职干部"一肩挑"后村级权力运行的重点领域和关键环节，构建管履职、管作风、管纪律的监管体系。实践中，可以构建起乡镇党委统一领导、纪委督促查纠的联动监督，建立乡镇党委书记、包村干部、驻村工作队对村(居)主职干部监督清单，健全目标责任考核制，全面实行任职承诺、述责述廉、民主评议、个人重大事项报告、请示报告、约谈提醒、教育警示等机制，督促村级干部履职尽责。其次，县乡两级纪检监察机关通过开展政治监督、党风廉政建设责任制检查、政治生态评估和专项监督检查等方式，推动相关党组织加强对村级干部的监督管理。县级纪委监委通过纪律监督、监察监督和巡察监督同向发力，健全完善片区协作、检查考核、问责追责等工作机制，提高监督效果。乡镇纪委监察办强化日常监督，实现监督直达"田间地头"。最后，打破各种监督各自为政、各行其是的局面，贯通融合纪委专责监督与党委(党组全面监督、职能部门监督等工作，健全联动协作机制，提高配合协作意识，做到同向发力，全面提高监督质效。例如，组织部门抓好"村三委"建设，健全村干部选拔任用、履职培训、激励保障等机制，加强村干部进退流转的监督管理。巡察机构发挥巡察"利剑"作用，对重点村(居)、重点问题、重点事项开展专项巡察。财政局强化村级"三资"监管，规范"村财乡管"，实现资金全过程监督，并实行严格的审计制度。

第二，做实同级监督。首先，探索构建村(居)级监察工作联络站，组建监察信息员队伍。村(居)级监察工作联络站可协助乡镇监察办公室履行各项监督职责，具体包括监督村(居)务贯彻落实上级决策部署，履职尽责、廉洁用权等情况，搜集村(居)干部苗头性、倾向性问题以及完成乡镇监察办公室交办的其他工作。在制度上明确村级监察工作联络站站长、监察信息员人选由各乡镇监察办公室提出，经乡镇党委同意，报县级纪委监委审核通过后，由所属乡镇监察办公室聘任，聘期与村(居)务监督委员会任期一致。在信息报送上，监察信息员不必向村(居)干部汇报工作内容，信息报送无须经过村(居)干部和乡镇其他部门，所有信息直接报送乡镇监察办公室。在考核奖惩上，由县级纪委监委统一筹划，完善信息员考核激励机制，实现奖勤罚懒。在工作保障上，压实乡镇党委主体责任，做好村两委班子思想引导作用，提升其对信息员作用发挥的认识，增强其自觉接受监督的意识。在队伍建设上，制定监察信息员工作职责清单、监督清单和工作手册，厘清监察信息员的权利义务，针对性加强对监察信息员的业务知识培训，强化对村级事务的事前事中事后监督。其次，强化乡镇纪委监察办对村(居)务监督委员会的指导，帮助其厘清村务监督委员会职责，督促村务监督委员会履职尽责。如制定村级监督工作流程图，让监督有方法、好操作；建立月联席会议制度，每月向乡镇纪委监察办汇报履职情况；针对村务监督委员会监督职责开展业务培训等。最后，加强村级干部队伍建设。完善干部培训机制，坚持培训常态化，通过村干部党性教育培养村干部的政治素养，提升村干部的政治自觉。通过学习法律法规和党章党纪党规提升村干部规矩意识，筑牢思想防线。通过学习村务办理知识，提高程序意识和办事能力。拓宽选人渠道，将乡村振兴专干、大学生村官、村致富带头人、村大中专毕业生以及退伍人员吸收进村干部队伍中，提升村干部整体的能力素质。

第三，推动群众监督。首先，完善村民议事决策机制。村民参与议事决策主要是通过村民代表大会和村民会议，但是二者在实践中很少召开，往往是换届时才组织召开。因此乡镇和驻村工作队要进一步加强宣传教育，使村民了解村民会议的功能和价值以及运行方式。探索建立决策问责机制，对于没有执行村级决策程序、违反村级决策原则的行为进行严厉问责。同时，建立决策的纠错制度，在决策出现失误、错误时，明确应当怎么做以减少损失或纠正错误，对改正决策错误的程序流程加以规定。其次，完善村务公开制度。制定《村级公开事务簿》，细化村务公开事项，详细记录公开日期、公开内容、公开人等。并通过对村级工程建设的事前公开、农村集体"三资"现状的事中公开和村级事务进度的事后公开来实现全过程监督。最后，拓宽群众监督渠道。通过廉洁文化宣传教育，提高村民文化素质，培育村民权利意识，提高村民监督意愿，使村民积极投入到监督中去。创新监督举报方式如走村入户发放监督执纪联系卡、借鉴"扫码监督"等互联网新媒体载体等方式打消群众顾虑，提高监督效率和精准性。健全举报人信息保密制度，建立举报人奖励制度，鼓励村民放心监督、积极监督。

第二节　构建专业的基层纪检监察体系

在监察体制改革背景下，县级纪检监察机关要认真分析监督主体特点和监督责任特性，结合实际，通过建章立制和培训学习等方法解决监督效能递减、监督专业化程度低的问题。

第一，创新监督工作体系。在推动监察体制改革向基层延伸过程中，注重从全局出发，坚持上下联通，形成县乡村职责清晰、层级之间联系紧密、协同监督高效有序的"三级联动"基层监督体系。在县级单元内部划分若干片区，以县级纪委监委为主导，以联合协同作战为主要方式，以解决实际问题为目标，形成"三级联动"高效的片区协作工作机制。通过县级纪委监委指定管辖，片区成员主动申请提级管辖，以及巡察监督直达村社，推动监督力量下沉到每一个村，村里的每一个角落。乡镇一级要全面强化上下对接，向上与县纪委监委无缝对接，向下紧密连接村级监察组织。村一级要全面强化群众监督，通过村级监察工作联络站和村务监督委员会连接自上而下的纪检监察监督与自下而上的群众监督，让群众监督与纪检监察监督形成协作配合。

第二，制定监督工作标准。仔细研究《监察法》《监督执纪工作规则》等法律法规和条例办法，结合纪检监察工作实际，细化纪检监察工作规范和工作流程。一方面，梳理、制定、下发简单、实用、易学的工作指引。如制定乡镇纪委监察办办案操作指引、信访举报办理操作指引等。工作指引可以模拟案例的形式，清晰呈现各项工作流程及文书格式，并制作相应的工作流程图，提高纪检监察干部工作效率和规范性。另一方面，结合本地实际细化工作内容，制定"三单两表一函"。"三单"是指村级小微权力监督清单、村级小微权力履职清单和责任追究清单。"两表"是指履职情况登记表和问题线索移送表。"一函"是指监督提醒函。建立包含日常监督、专项治理、审查调查等内容的监督清单，使村级监督有聚焦、常态化。全面厘清村级组织和村干部职责和权限，制定明确、具体、清晰的小微权力履职清单，履职清单应当囊括村级"三重一大"事项、村级财务管理、村集体资源管理等内容，并用正式的书面文件形式明确村级小微权力监督范畴。配套制定农村干部责任追究清单，梳理出村干部违纪违法类型和适用的法律法规，明晰责任追究的依据和证据要求。将以上三个清单内容制作成流程图发放到村干部、村民和纪检监察干部手中，使村干部都能一目了然，做到用权有依，行权有序，使群众能够了解村干部监督的具体内容，让监督更精准，使纪检监察干部更加重视村干部监督工作，敢监督、会监督，让监督更有底气。此外，为进一步规范工作流程，提高监督效率，可以配套制作履职情况登记表、问题线索移送表和监督提醒函等文书，建立规范性台账，实时更新，实施全过程动态监督。

第三。加强基层纪检监察干部队伍建设。首先，优化人员结构。以《监察官法》实施为契机，着重从年龄、学历和专业几个方面优化基层纪检监察干部的队伍结构。拓宽选拔人才渠道，从公检法、审计、税务等单位选拔任用一批干部。将有法律、财务、审计等专业特长的年轻干部交流到纪检监察队伍。畅通纪检监察系统内外部交流，优化人力资源使用效率，让纪委的干部能进能出、能上能下，让能干事真干事的干部有盼头，对于不适合继续从事纪检监察工作的干部也能及时调整到更合适的岗位。与此同时，建设纪检监察学相关学科专业，加快纪检监察专业人才培养，全面提升纪检监察干部的政治素养、政策水平和能力素质。其次，提升业务能力。通过跟班学习、以案代训，以老带新方式，让纪检监察干部尽快熟悉业务流程、业务要求、业务难点及解决方法，增强纪检干部的工作信心和工作能力。注重开展日常内部交流如专门就村级小微权力的监督实践和经验，组织纪检监察干部交流学习，可以采用以案说法、集体讨论、经验交流、学习借鉴等方式。通过交流实现相互借鉴、共同提升，力图破解村级小微权力监督实践中的难题，形成有特色、可推广的监督经验方法。最后，建立绩效考核制度。一是制定工作考评办法，通过工作季度报告、述职述廉、年度考核等方式，对纪检监察干部分类别进行基本面考核。二是梳理乡镇纪委、县纪委监委主要工作内容，根据分工和责任制定细化的工作考核指标并以书面文件形式下发以便学习，进行业绩考核，激发干部工作积极性，强化干部责任意识，使考核更客观、更公正、更透明。三是制定不同等级的绩效奖金，直接和考核结果挂钩，引导干部积极有为。

第三节　构建高效的基层片区协作机制

监察体制改革后，乡镇纪委监察办队伍人员力量有了较大增长，县级纪委监委需要统筹考虑县乡两级纪检监察工作力量，探索建立片区协作机制，实现力量整合、资源共享，纪检监察力量要优势互补，达到信访联办、案件联查、问题联解、监督联动的效果，解决村级监察对象剧增，监督力量不足问题。

实行片区协作机制要从三个方面着手。一是合理划分片区。按照区域相近、职能相配的原则，以县级纪委主导，成立片区协调小组。由县纪委监委领导班子成员或对口联系科室负责人担任组长，片区纪委监察办书记主任担任副组长，片区内各乡镇纪委监察办为成员单位。二是健全协作机制。片区协调小组负责对各成员单位进行纪检监察业务指导。对于片区内疑难信访件、复杂案件和重点监督检查事项由片区协调小组协调、整合片区内人员力量协作办理。三是强化实体运行。片区协调小组应当定期召开工作例会，集中研究片区工作事宜，协商解决片区重难点工作，有序推进片区各项监督工作。

片区协作的优势在于，一方面赋予片区统筹监督力量的职责，突出扁平化管理，提升资源调配的速度和效率。另一方面协调合作共享资源，采用"并肩作战"的方式，在信访调处、监督检查、审查调查、巡察整改等方面通力合作，实现信息互通、问题互商、力量互补。片区协作机制运转主要体现在四个方面。一是信访联办。对于片区内重点信访举报件如重复访、越级访件、上级交办督办件、领导批示交办件等，提交片区协调小组会商研判，统筹片区内工作力量开展调查核实工作，提出处理意见并做分析研判，按照规定程序进一步开展线索处置工作。二是案件联查。片区内的疑难复杂案件，由片区协调小组牵头组织片区成员单位开展协作办理或者指定办理，通过合理配置人员力量，切实解决监督专业化程度低、监督力量不足和人情困扰问题。如，A 乡问题线索可以交由 B、C 乡镇纪委办理，A 乡负责出谋划策，既可以排除 A 乡人情困扰问题，又同时增加了办案力量。三是问题联解。片区协调小组可以定期组织成员单位集中学习、工作交流和业务培训，加强业务指导，及时分析研判、协调解决片区内的重点难点工作。比如在一些案件查办过程中，对证据标准拿捏不准，对违法事实定性有疑问，都可以在学习交流中探讨解决。四是监督联动。围绕县纪委监委部署的重点工作，开展联动监督或交叉监督，做实做细日常监督。尤其是可以凝聚监督合力，解决监督不够、不准、不深入的难题。

第四节　提升数字技术在基层监督中的效率

随着经济社会发展，数字技术已经成为继土地、劳动力、资本和技术之后的第五个生产要素，加强数字技术赋能基层监督建设是纪检监察工作与时俱进的必然要求，也是提升监督科学性、精准性、创新性的重要手段。将数字技术运用于村级小微权力监督,搭建村级小微权力智慧监督平台,有利于实现全程监督、实时监督,通过数据整合、流程优化,让数据在平台内流动,实现基层纪检监察工作从分散化向平台化转变。

小微权力监督平台可以根据实际需求设定多个板块。每个板块根据细化指标和界面操作要求,采集录入相关信息,做到内容全且准确。同时平台操作系统要简洁易操作,填报录入简单,所有系统数据相互关联、自动生成,如处分处理结果可以直接在廉政档案中生成,不需要重复录入。系统可以对工作进度进行动态管理,如案件超期会自动预警提醒,监督数据可以自动生成图表供参考等。

村级小微权力监督平台要实现四个方面的目的。一是集掌上办事、掌上监督、掌上公开、掌上治理四位一体,包括"治理端"和"群众端"。"治理端"是数据库,"群众端"搭建在手机界面上。系统要囊括村级事务全领域各方面,包括党务管理、村务决议、资产资源管理、财务管理、村级工程、补助救助等项目。群众可以在网上申请办理事项,村干部在网上审批流转。乡镇纪委可以在网上查阅村干部的办理事项和办理进度,根据系统预警事项针对性开展监督。群众也可以通过手机随时查阅村级事务及各项决策决议,实现对村级事务的参与和监督。二要用数字化手段规范基层档案资料。由乡镇纪委监察办负责采集村级监察对象基础数据包括简历、社会关系、出入境记录等基础数据,建立村级监察对象廉政档案。三要全面打通基层监督的信息壁垒。从纵向看,小微权力监督平台信息要实现县乡村共享,延伸至村一级,将监督平台和监督举报 APP 连接,或者拓展微信在线举报功能,方便群众和监察信息员随时上报监督信息,形成监督"天网"。从横向看,要连接农村"三资管理"、社会救助管理等职能部门重要数据系统,可以实现数据调阅和比对。四要优化基层纪检监察工作流程。系统要涵盖纪检监察工作核心业务、集成各类业务流程报表以及检举控告、问题线索、纪律处分、谈话函询等电子档案。

小微权力监督平台要展现四个方面的功能。一是可以对村级监督对象基本信息进行即时搜索查询。对于信访举报结果、问题线索处置情况、处分结果等电子档案可以随时调阅。对于法纪法条、案例模板、各种文书可以即点即查。二是实现信访举报、线索处置、审查调查、案件审理、监督检查、巡察整改等业务线上交办转办、审批审核。嵌入片区协作机制工作流程，实现片区协作事项申请、会商、处置等在线办理。三是实现一体监督。村级联络站可以动态采集监督信息随时通过系统上报，乡镇纪委监察办可在线受理、分析、转报或平行交办监督信息。县级纪委监委按照权限可以随时查阅监督信息办理情况，指导、跟进、督促重点难点监督工作。四是实现全过程监督。通过系统内部数据流转，可以自动生成农村政治生态报告、村干部廉政画像、纪检监察工作进度图表等，使权力运行过程可追踪，决策过程和结果能复盘，实现村级小微权力全过程监督。

第五节　推进基层监督中的"三不一体"机制

全面推进"不敢腐、不能腐、不想腐"机制，是我国当前反腐败工作的基本指导和遵循。"三不"机制是一种重要的方法论，将其运用在村级小微权力监督中，可以破解宗族力量和熟人社会难题，巩固村级小微权力监督成果。

完善责任追究机制，形成不敢腐的震慑氛围。首先，合理运用小微权力监督平台信息库，通过大数据分析，提前研判风险点，并采取相应措施应对。如设置村级政治生态评估的各项指标，由乡镇纪委监察办分类采集录入信息，并以村为单位，形成信息库，动态更新信息库各项数据，实现对村级政治生态的动态评估。其次，严肃问责。"动员千遍不如问责一遍"[1]，责任追究是解决村干部履职不力的重要手段。对于村干部出现的违规违纪问题，要明确责任归属，厘清各方责任，严肃追责。通过加大责任追究力度，使村干部主动承担责任，对党纪国法心存敬畏，在日常工作中能够坚守纪法红线，严格按照法律法规要求办事。最后，健全容错纠错机制。在村级小微权力运行中，需要结合实际建立更加科学的容错机制，鼓励农村党员干部干事创业，解除他们的后顾之忧，这样有助于形成一个积极的政治生态环境，防止村干部消极避责。

---

① 王岐山：《用担当的行动诠释对党和人民的忠诚》，《人民日报》，2016 年 7 月 19 日 02 版。

深化以案促改，扎紧不能腐的制度笼子。要查找审查调查工作过程中暴露的体制机制漏洞，分析问题原因，提出意见建议，通过以案促改推动整改工作落实到位，建立健全监督机制。要开展好警示教育，通过加大典型案例通报曝光力度和广度、召开警示教育大会等方式，让"身边事教育身边人"，对村干部形成震慑作用。要统筹运用政策讲解、党性教育和纪法威慑做好村干部思想政治教育工作，将廉政教育贯穿于干部成长全过程。要扎实开展受处分村干部跟踪回访教育，帮助受处分人员卸下思想包袱，唤醒初心使命。

强化廉洁教育，形成不想腐的思想自觉。首先，创新反腐倡廉教育方法，以老百姓喜闻乐见的方式开展廉洁教育。如充分发掘当地红色资源，利用红色资源开展普遍的、经常的、生动的党性纪法教育，增强针对性、互动性和代入感。再如按照"一村一特色"的工作思路，在每个村里设立廉政宣传展板宣传纪检监察政策和廉政文化知识，动员村务监督委员会和监察信息员定期面向群众和村干部开展廉政宣讲。其次，继续深入开展党风廉政建设教育、理想信念教育、党纪法规教育等，引导村干部牢固树立"廉荣腐耻"的价值取向。最后，把廉政文化建设纳入各级党委党风廉政建设责任体系，创新载体、丰富内容，不断增强廉政文化的感染力、渗透力、引领力，切实提升廉政教育和作风建设效果。

参考文献

一、著作

[1] 中共中央马克思恩格斯列宁斯大林著作编译局：《马克思恩格斯选集(第四卷)》，北京：人民出版社，1995 年版。

[2] 习近平：《关口前移，惩防并举》(2004 年 7 月 27 日)，《之江新语》，杭州：浙江人民出版社，2007 年版。

[3] 习近平：《论坚持党对一切工作的领导》，北京：中央文献出版社，2019年版。

[4] 陈国权、皇甫鑫等：《功能性分权：中国的探索》，北京：中国社会科学出版社，2005 年版。

[5] 陈明明：《在革命与现代化之间——关于党治国家的一个观察与讨论》，上海：复旦大学出版社，2005 年版。

[6] 费孝通：《乡土中国》，上海：上海人民出版社，2007 年版。

[7] 贺雪峰：《治村》，北京：北京大学出版社，2007 年版。

[8] 胡建淼：《公权力研究——立法权、行政权、司法权》，杭州：浙江大学出版社，2005 年版。

[9] 裴长洪、杨春学、杨新铭：《中国基本经济制度——基于量化分析的视角》，北京：中国社会科学出版社，2015 年版。

[10] 王名扬：《法国行政法》，北京：北京大学出版社，2007 年版。

[11] 王学辉、宋玉波等：《行政权研究》，北京：中国检察出版社，2002年版。

[12] 肖唐镖：《技术型治理的基层实践——中国城乡治理研究》，天津：天津

人民出版社，2021年版。

[13] 张静：《基层政权：乡村制度诸问题》，上海：上海人民出版社，2007年版。

[14] 赵鼎新：《社会与政治运动讲义》，北京：社会科学文献出版社，2006年版。

[15] 周飞舟：《以利为利：财政关系与地方政府行为》，上海：上海三联出版社，2012年版。

[16] 周黎安：《转型中的地方政府：官员激励与治理》（第2版），上海：格致出版社，2017年版。

[17] 周雪光：《中国国家治理的制度逻辑：一个组织学研究》，北京：生活·读书·新知三联书店，2017年版。

[18] [美] J. C. 亚历山大：《新功能主义及其后》，彭牧等译，北京：译林出版社，2003年版。

[19] [美] 布鲁斯·阿克曼：《别了，孟德斯鸠：新分权的理论与实践》，北京：中国政法大学出版社，2016年版。

[20] [美] 曼瑟·奥尔森：《权力与繁荣》，苏长和，嵇飞译，上海：上海人民出版社，2005年版。

[21] [美] 西达·斯考切波，何俊志，王学东译：《国家与社会革命——对法国，俄国和中国的比较分析》，上海：上海人民出版社，2007年版。

[22] [英] 维克托.迈尔-舍恩伯格、肯尼斯：《大数据时代》，库克耶，盛杨燕、周涛译，杭州：浙江人民出版社，2013年版。

[23] [英] 亚当·斯密：《道德情操论》，蒋自强，等译，北京：商务印书馆，1997年版。

二、论文

[1] 曹正汉、史晋川：《中国地方政府应对市场化改革的策略：抓住经济发展的主动权》，《社会学研究》，2009年第4期。

[2] 曹正汉：《中国上下分治的治理体制及其稳定机制》，《社会学研究》，2011年第1期。

[3] 陈国权、毛益民：《第三区域政企统合治理与集权化现象研究》，《政治学

研究》，2015 年第 2 期。

[4]陈明明：《中国政府原理的集权之维：历史与现代化》，《公共管理与政策评论》，2021 年第 1 期。

[5]邓大才：《村民自治有效实现的条件研究——从村民自治的社会基础视角来考察》，《政治学研究》，2014 年第 6 期。

[6]过勇、杨小葵：《基于大数据的领导干部廉政监督机制研究》，《国家行政学院学报》，2016 年第 6 期。

[7]何增科：《中国政治监督 40 年来的变迁、成绩与问题》，《中国人民大学学报》，2018 年第 4 期。

[8]景跃进：《将政党带进来——国家与社会关系范畴的反思与重构》，《探索与争鸣》，2019 年第 8 期。

[9]刘伟：《村民自治的运行难题与重构路径——基于一项全国性访谈的初步探讨》，《江汉论坛》，2015 年第 2 期。

[10]马怀德：《国家监察体制改革的重要意义和主要任务》，《国家行政学院学报》，2016 年第 6 期。

[11]汪世荣：《"枫桥经验"视野下的基层社会治理制度供给研究》，《中国法学》，2018 年第 6 期。

[12]肖滨、方木欢：《寻求村民自治中的"三元统一"——基于广东省村民自治新形式的分析》，《政治学研究》，2016 年第 3 期。

[13]徐汉明：《监察权的属性探究》，《法学评论》，2018 年第 1 期。

[14]徐勇：《农民理性的扩张："中国奇迹"的创造主体分析——对既有理论的挑战及新的分析进路的提出》，《中国社会科学》，2010 年第 1 期。

[15]薛澜、赵静：《转型期公共政策过程的适应性改革及局限》，《中国社会科学》，2017 年第 9 期。

[16]张桂林：《党和国家监督体系原理探析》，《政治学研究》，2020 年第 4 期。

[17]张翔：《我国国家权力配置原则的功能主义解释》，《中外法学》，2018 年第 2 期。

[18]周庆智：《关于"村官腐败"的制度分析——一个社会自治问题》，《武汉大学学报(哲学社会科学版)》，2015 年第 3 期。